코딩을 시작하기 전에 읽는 십 대를 위한 디지털 인문학

누가 내 소프트웨어를 훔쳐 갔지?

코딩을 시작하기 전에 읽는 십 대를 위한 디지털 인문학

누가 내 소프트웨어를 훔쳐 갔지?

초판 1쇄 2016년 12월 12일
초판 6쇄 2023년 4월 28일

지은이 양나리

책임편집 황여진
마케팅 강백산, 강지연
디자인 이정화
일러스트 심규태

펴낸이 이재일
펴낸곳 토토북
주소 04034 서울시 마포구 양화로11길 18, 3층 (서교동, 원오빌딩)
전화 02-332-6255
팩스 02-6919-2854
홈페이지 www.totobook.com
전자우편 totobooks@hanmail.net
출판등록 2002년 5월 30일 제10-2394호
ISBN 978-89-6496-319-7 43000

코딩을 시작하기 전에 읽는 십 대를 위한 디지털 인문학

누가 내 소프트웨어를 훔쳐 갔지?

팀

기술의 **발전** 이전에
기술의 **가치**를 알다

양나리 선생님께서 집필하신《누가 내 소프트웨어를 훔쳐 갔지?》는 청소년들에게 미래 사회를 미리 경험해 볼 수 있도록 하는 책입니다. 동시에 IT 기술의 발달에 따라 우리 삶이 어떻게 변하고 있고, 앞으로 어떻게 변해갈지 생각해볼 수 있게 하지요.

현대 사회와 미래 사회에서는 모든 사람들이 컴퓨터와 의사소통해서 문제를 해결할 수 있는 역량이 필요합니다. 최근 영국의 컴퓨팅Computing 교과 신설과 미국의 컴퓨터 과학Computer Science 교육의 확산과 더불어 우리나라에서도 소프트웨어Software, SW 교육을 초중등 학생들에게 필수 교과로 신설하겠다고 발표했습니다.

이유는 전 세계가 미래 인재의 역량 중에 컴퓨팅 사고Computational thinking가 필수적임을 인식하고 있기 때문입니다. 이 컴퓨팅 사고는 미래 인재에게 필요한 역량이기 때문에 모든 학생들이 학습할 수 있도록 공평한 기회가 제공되어야 합니다. 그래서 공익, 평등, 공유 등은 소프트웨어에서 매우 중요한 가치이며, 우리나라 청소년들이 꼭 한번 생각해 보아야 하는 문제입니다.

그런 측면에서 이 책은 청소년들에게 기술의 발전뿐만 아니라 기술의 가치에 관해 인문학적인 관점에서 생각해볼 수 있도록 도와주는 매우 유익한 책입니다. 기술의 발전에 대한 전반적인 이해와 소프트웨어 교육의 가치를 알고 싶은 모두에게 권하고 싶습니다.

총신대학교 교수·한국컴퓨터교육학회 이사
김수환

디지털 네이티브에게 보내는
아날로그 쪽지

'디지털 네이티브Digital Native'라는 말을 들어본 적 있나요? 태어날 때부터 휴대폰이나 노트북 등 각종 디지털 기기에 둘러싸여 성장한 세대를 지칭하는 말이지요. 인터넷이 연결된 네트워킹 환경에서 익숙하게 살아가고, ITInformation Technology, 정보통신 기술에 거부감이 없는 세대입니다. 바로 이 책을 집어 들었을 여러분 같은 세대를 포함하지요.

디지털 네이티브에게 '소프트웨어'를 배운다는 건 피할 수 없는 과제가 되었습니다. 왜냐하면 디지털 네이티브가 살아갈 미래는 단언컨대 '소프트웨어의 시대'이기 때문입니다. 왜 소프트웨어 중심 시대가 필연적으로 도래할 것인가에 대해서는 이 책의 본문에서 자세히 다루도록 할게요. 그렇다면 우리가 소프트웨어 시대에서 잘 살기 위해서는 무엇을 준비해야 할까요? 뉴스나 신문에서 학생들에게 코딩 교육을 필수로 해야 한다는 기사를 본 적 있나요? 미국이나 영국 같은 교육 선진국에서는 이미 제2외국어로 코딩을 배우고 있다고 하지요. 이러한 세계적인 추세에 맞춰 우리나라에서도 최근 어릴 때부터 소프트웨어 교육을 받아야 한다는 목소리가 높아지고 있습니다.

하지만 무작정 소프트웨어 기술을 익히도록 강요하는 교육계나 언론의 목소리는 경계할 필요가 있어요. 소프트웨어를 만들기 위한 스킬^{skill}을 배우기 전에 그 본질을 먼저 아는 것이 중요하기 때문이지요. 기술이 왜 생겨났고, 지금까지 어떻게 발전해왔는지, 그리고 앞으로는 어떻게 발전해갈지를 가늠해볼 수 있어야 이 마술 같은 기술을 제대로 활용할 수 있을 것입니다.

IT는 우리 삶의 모습을 바꿔왔고, 앞으로도 상상하지 못한 삶으로 이끌어 갈 것입니다. 이 때 우리는 소프트웨어가 가져올 변화에 따라, 앞으로 어떤 문제들과 마주하게 될지 먼저 예측해볼 수 있어야 합니다. 그래야 '사람'을 중심에 두고 문제를 해결하는 도구로서 소프트웨어 기술을 활용할 수 있기 때문입니다. 단순히 미래 시대의 필수 과목으로서 소프트웨어를 바라보는 것이 아니라, 소프트웨어가 사람과 사회에 어떤 영향을 미치고 있는지, 앞으로 어디까지 확대될지 학생들과 함께 생각해보고자 이 책을 쓰게 되었습니다. 모두가 소프트웨어를 배워야 한다고 학생들을 몰아 부칠 때, 그보다 우선되어야 하는 건 소프트웨어를 인간 중심의 관점에서 바라볼 수 있는 생각의 쉼표를 찍는 일입니다.

이 책의 처음에는 소프트웨어에 관한 전반적인 기초 지식을, 뒷부분에는 소프트웨어 기술을 배우기 전에 먼저 생각해보아야 할 본질과 가치에 대한 질문을 담았습니다. 1장에서는 기술이 변화시키고 있는 세상의 큰 흐름과 소프트웨어의 정의를, 2장에서는 최근 주목받는 소프트웨어 기술들에는 어떤 것이 있는지, 그것이 인간의 세상을 어떻게 바꿔놓고 있는지 살펴볼 것입니다. 3장에서는 우리가 살아가는 세상에서 소프트웨어가 가지는 인문적 가치에 대해 생각하며 소프트웨어가 나아갈 방향에 대해 고민해보고자 합니다. 마지막으로 4장에서는 소프트웨어가 바꿔놓은 직업 세계와 미래 모습, 그리고 소프트웨어를 탄생시키는 프로그래밍Programming과 알고리즘Algorithm을 간략히 체험하게 될 것입니다.

2018년부터는 정규 교과 과정에 소프트웨어 과목이 포함된다고 하지요. 일상생활에서 늘 우리와 함께 하는 소프트웨어를 교과서에서 만나게 될 청소년들에게 이 책이 소프트웨어와 좀 더 친근해지는 계기가 되길 바랍니다. 다른 사람에게 강요돼서가 아니라 스스로 알고 싶고 배우고 싶은 마음이 샘솟아서 소프트웨어와 만나게 되기를 희망합니다.

2016년 12월
양나리

1장 소프트웨어, 대체 넌 누구냐!
소프트웨어의 등장과 정의

2장 소프트웨어, 꼼짝 마!
최신 소프트웨어 트렌드 정복하기

기술의 발전은
정말 우리를 행복하게 할까?

먼 옛날 수레와 수레바퀴 등의 발명으로 시작된 기술의 발전은 증기기관, 전화기, 자동차, 비행기, 인터넷 등을 탄생시키며 이어져왔습니다. 인류는 이러한 기술의 발전을 통해 생존하고, 성장해왔지요. 기술 발전이 추구하는 것이 무엇일까요? 바로 일하는 시간노동시간을 단축하고 삶을 풍요롭게 할 남는 시간잉여시간을 확장하는 것입니다. 기술은 노동시간을 단축함과 동시에 더 많은 일을 하게 만들었고, 일만 하는 삶에서 점차 문화생활이나 휴식 등을 중시하는 삶으로 변화시켰습니다. 이처럼 새로운 기술의 탄생은 우리가 사용하는 도구뿐 아니라 우리의 생활방식과 세상을 바라보는 방식을 변화시킵니다.

예를 들면, 자동차가 발명되자 인간의 생활 범위가 확장되고 그에 따라 세계관이 넓어졌습니다. 또, 인간의 노동시장도 바뀌었지요. 자동차 제조업 종사자뿐 아니라, 택시나 버스 운전사까지 새로운 직업들이 대거 등장했습니다. 그리고 이전에는 돈 많은 사람만 할 수 있던 여행 산업이 발전하기도 했습니다. 자동차는 여러모로 우리의 삶에 편리함과 즐거움을 주었습니다.

그런데 만약에 누군가가 우리에게 자동차가 인간의 삶을 행복하게 만들었냐고 묻는다면, 선뜻 그렇다고 대답하기가 망설여집니다. '행복'이라는 감정은 '편함'이라는 감정보다 조금 더 높은 차원의 고민이 동반되기 때문이지요. 자동차 교통사고로 매년 수만 명이 죽고, 가족에게 그 불행이 이어지기도 합니다. 자동차가 쏟아내는 매연과 소음은 어떤가요? 우리는 편리함을 얻고 환경오염이라는 대가를 감수해야만 했습니다. 도로에서 남발되는 운전자들의 욕설과 행복이라는 단어를 함께 떠올리기에도 어려움이 있지요.

이처럼 기술의 발전은 늘 양면성을 가집니다. 인간의 삶을 편리하게 하면서도, 한편으로는 부작용과 문제점을 가져오는 양면의 특성을 지닙니다. 그래서 단지 기술을 익히는 것보다 그 기술에 대해 고민할 수 있는 여유와 안목, 식견이 필요한 것이지요. 자동차의 등장으로 이미 많은 것이 바뀐 세상에서, 자동차를 만들거나 운전하는 기술을 익히는 것은 비교적 쉬운 일입니다. 하지만 자동차를 통해 얻게 될 삶의 변화를 가늠하고 고민할 기회를 가지기란 쉽지 않지요. 이것이 여러분들에게 필요한 진짜 고민임에도 불구하고 말입니다.

2007년 6월, 애플Apple의 창립자 스티브 잡스는 아이폰iPhone을 세상에 내놓았습니다. 아이폰은 출시되자마자 빠른 속도로 판매되었고, 세상은 그보다 더 빠르게 변화해왔지요. 세상은 작은 손바닥 안으로 들어왔고, 개인은 손가락의 터치를 통해 세상과 만나게 되었습니다. 그렇게 인류는 또 한 번 새로운 세상을 맞이했습니다. 새 시대는 지금도 활발히 그 영역을 넓히고 있습니다. 이 모든 변화의 주역이 누구일까요? 바로 '소프트웨어'입니다. 소프트웨어의 진화는 국가 권력과 사회 시스템에, 개인의 생활에 혁신을 가져왔습니다. 최첨단 과학 기술 시대에, 소프트웨어의 진화는 단순히 편리함을 증대시키는 것을 넘어서 '행복'이라는 가치를 추구하는 데까지 근접해야 합니다.

자, 그럼 지금부터 소프트웨어가 어떤 필요로 인해 등장했고, 현재는 우리 삶에 어떤 영향을 미치고 있는지, 미래에는 어떻게 성장할지에 대해서 들여다봅시다. 그러고 나서 소프트웨어가 변화시키는 세상의 중심 속에서 우리가 무엇을 알고 있어야 하는지, 또 어떤 부분에 생각의 초점을 두어야 하는지에 관해 이야기해보기로 합시다. 소프트웨어는 자동차가 우리의 삶을 바꿔왔던 것 이상으로 훨씬 더 많이 우리의 삶과 세상을 바꾸게 될 테니까요. 편리한 삶을 넘어서 행복한 삶을 지향하기 위해서 소프트웨어의 발전은 과연 어떤 방향으로 나아가야 할까요?

1장

소프트웨어,
대체 넌 누구냐!

소프트웨어의 등장과 정의

· · · · ·

지난 10년간 세상에서 벌어진 변화는 인류 역사상 가장 큰 변화였다고 많은 사람이 말합니다. 그러한 큰 변화를 체감하지 못하는 이가 있는가 하면, 엄청나게 바뀌어버린 세상에 혼란스러워하며 적응하지 못하는 이도 있지요. 1분이라도 떨어져 있으면 괜스레 불안하고 자꾸만 생각나는 스마트폰을 잠시 내려놓고, 함께 생각해봅시다. 무엇이 이렇게 세상을 뒤흔드는 데 핵심적인 역할을 했을까요? 아마 대부분은 모호하게 '과학이 발전했으니까.'라고 생각했을지도 모르겠네요. 그러나 구체적인 정답은 바로 '소프트웨어'이지요. 소프트웨어가 대체 무엇인지 구체적인 형상이 머릿속에 떠오르지 않는 친구가 많을 거라 예상해요. 소프트웨어가 무엇인지, 또 소프트웨어로 인해 세상이 어떻게 변화해가고 있는지 함께 이야기해봅시다.

· · · · ·

변화하는 세상

 한빈이의 하루

"2박 3일 여행에 짐이 이게 다야? 얼른 속옷 안 챙겨?"

내 가방에서 휴대폰 보조배터리와 태블릿pc를 꺼내들며 엄마가 어이없다는 듯 말씀하셨다.

"아 엄마, 여행은 인증샷 남기려고 가는 것 아니에요? 준비물은 무슨~ 이 잘생긴 얼굴만 있으면 된다고요!"

"아이고, 아빠는 맥가이버 칼에, 로프에, 일본 지도만 수십 장을 챙기셨는데, 너는 달랑 이거 두 개만 가져간다고? 내가 못살아 정말!"

난 엄마에게 등짝 한 대를 맞고 나서야 제대로 짐을 챙겨 집을 나섰다. 일본에 도착하자마자 우리는 가장 먼저 일본 신사^{神社}에 가기로 했다. 아빠는 지도를 펴들고 다짜고짜 일본 사람들에게 다가가 일어와 영어로 서툴게 의사소통을 하며 목적지를 물으셨다. 그러나 스마트한 나는 스마트폰 속의 지도 애플리케이션을 터치했다.

"자, 여러분 한빈 투어에 오신 걸 환영합니다. 저만 믿고 따라오시죠. 이쪽입니다."

나는 자신만만하게 앞장섰다.

"그 방향 확실하니? 아이고 왜이렇게 정신없게 관광객이 많다니."

"확실해요. 엄마, 제가 이미 구글 지도로 많이 와본 곳이라 여긴 눈 감고도 찾아갈 수 있다니까요. 제가 스마트폰으로 게임만 한 게 아니라고요!"

"아니, 그래도 이 지도가 정확하지 않겠어?"

"아빠, 이쪽이 맞다니까요! 와~ 여기 장난 아니다. 빨리 빨리 셀카 봉!!"

나는 그날 스마트폰에 깔린 지도 애플리케이션 하나로 가족들을 가장 빠른 길로 안내했다. 처음에는 내가 어느 누구의 도움을 받지 않고 길을 찾았다고 으스댔는데, 가만히 생각해보니 나는 지도 애플리케이션을 개발하기 위해 애쓴 수많은 사람들의 도움을 받은 것이 아닌가 하는 생각이 들었다.

'구글 어스Google Earth'로 세계의 유명 도시는 물론이고, 우주에서 본 지구의 모습뿐만 아니라 달이나 화성의 모습까지도 가까이에서 볼 수 있는 세상이다. 나는 그 사람들이 공들인 결과물로 내가 알고자 하는 것을 손쉽고 빠르게 얻을 수 있다. 현실에서 내 옆에 누군가 없어도 스마트폰 하나로 많은 사람들과 연결돼 모든 걸 할 수 있는 세상이 온 것 같다.

연락하라, 봉화에서 SNS까지 ●●●

창문너머로 멀리 산봉우리에서 연기가 피어오르는 것을 봤다면, 여러분들은 어떻게 할 건가요? 얼른 스마트폰을 꺼내 119에 전화해서 산불이 난 것 같다고 신고를 하겠죠? 그리고 나서 사진이나 동영상을 찍어 페이스북이나 트위터에 올리거나 방송국에 제보할 수도 있겠지요.

그런데 만약 옛날 사람들이 산봉우리에 연기가 피어오르는 것을 보았다면 어떻게 했을까요? 그렇다면 상황은 달라집니다. 옛날에는 적군의 침입이나 위급한 상황이라는 것을 알리는 방식 중에 하나가 봉화였기 때문입니다. 용이 그려진 연을 날리거나 봉수대에 불을 피워서 긴급한 메시지를 전달한 것이지요. 날씨가 얄궂어 제대로 불이 피어나지 않을 때는 '파발'이라고 해서 달리는 말을 타고 직접 사람이 소식을 전하러 갔죠. 아무리 빠른 말을 타고 달려도 부산에서 서울까지 3박 4일은 걸렸습니다. 유럽에서는 비둘기를 훈련시켜서 발목에 편지를 묶어 날려 보내기도 했지요. 때론 비둘기가 다른 곳으로 날아가버려서 중요한 서신을 못 받기도 했고요.

그러다 1885년, 우리나라에는 전신이 도입되었고, 1896년에는 처음으로 궁에서 전화기를 사용했습니다. 서울과 인천을 잇는 시외전화도 가설되었는데 이 전화 덕분에 김구 선생님이 목숨을 구하기도 했지요. 명성황후를 시해한 일본 군인을 죽인 죄목으로 수감되었던 김구 선생님의 사형 집행 직전에, 고종 황제가 전화를 걸었던 겁니다. 긴급한 소식을 전할 수 있는 전화 때문에 얼마나 다행이었는지 모릅니다.

1990년이 되고, 이메일이 탄생하면서 클릭 한 번으로 편지를 전달하는 세상이 왔습니다. 지금은 지구 반대편에 있는 친구와도 영상통화를 하고, 누가 어디에서 뭐 하고 있는지 SNS를 통해 실시간으로 보는 건 일상이 되었습니다. 긴급한 사건사고 소식도 TV 뉴스보다 더 빨리 인터넷에서 접합니다. 바로 써서 바로 올리고, 바로 찍어서 바로 보여주는 시대가 열린 거지요. 몇 달이 걸리는 일방향적 전달이 아닌 몇 초만에 쌍방향으로 서로 주고받는 세상으로의 변화는, 소식과 정보를 빠르고 정확하게 전달하고 싶어하는 사람들의 욕구에서 시작되었지요. 연락하는 매체와 소통 방법의 진화가 지금의 SNS를 낳았습니다.

동굴 벽화에서 클라우드까지 •••

여러분은 무엇인가 꼭 기억하고 싶은 날이 있을 때는 어떻게 하나요? 예를 들면 이성친구와 처음 사귄 날이라든지 부모님의 생신 같은 날 말입니다. 또는 시간이 지나도 남겨두고 전달하고 싶은 내용이 있을 때에는 어떻게 기록해 두나요? 요즘엔 많은 사람들이 다이어리나 수첩에 직접 펜으로 쓰기보단 스마트폰에 있는 메모장이나 녹음 애플리케이션으로 기록을 남깁니다. 그리고 어떤 경우에는 더 빠르고 편리하게 휴대폰 카메라로 찍어두기도 하지요.

그렇다면 인류는 언제부터 기록하기 시작했을까요? 3만 5000년 전부터 인간은 동굴 벽에 글자를 남겼고, 2000여 년 전부터는 대나무 조각에 글자를 남겼다고 전합니다. 그러다가 종이가 발명되면서 금속활자로 기록물을 복제하기 시작했지요. 신문사에는 기사 원고를 보면서 나무판에 한 글자씩 활자를 차례대로 꽂는 '식자공'이란 직업을 가진 사람도 있었어요. 식자공이 신문한 페이지에 담긴 모든 활자를 일일이 조판해 문장을 만들어 신문을 제작하려면 시간이 꽤나 많이 걸렸습니다. 지금처럼 디지털 프린터기를 활용해 빛의 속도로 인쇄할 수 있게 된 건 식자공들에겐 상상도 할 수 없는 일이었겠죠. 이에 따라 출판 과정도 변화했어요. 책을 내고 싶으면 손으로 직접 원고를 써서 출판사를 찾곤 했는데, 이제는 워드프로세서 프로그램으로 손쉽게 원고를 작성할 수 있지요.

기록을 저장하는 방법은 어떻게 변화했나요? 대나무 조각에 글을 썼을 시절에는 수레에 죽간을 무겁게 싣고 운반해야 했습니다. 하지만 지금은 어떤가요? 손톱 크기의 1기가바이트 용량의 USB^{Universal Serial Bus}에 5,000권 이상의 책을 저장할 수 있습니다. 최근에는 이런 휴대용 기록 장치조차도 번거롭게 여겨 드롭박스^{Dropbox}나 네이버의 N드라이브 같은 클라우드^{Cloud} 서비스[●]를 이용하는 사람들이 많습니다. 포털이나 독자적인 IT 기업 소유의 서버에 이용자로 등록해 자료를 저장하고, 필요할 때마다 데스크톱, 노트북, 스마트폰, 태블릿pc 등 개인용 기기에 일시적으로 불러오거나 저장할 수 있는 서비스이지요. USB를 휴대하지 않아도 되고, 저장 용량도 이용 요금에 따라 무제한으로 커지는 장점이 있습니다. 내 방의 컴퓨터 바탕화면에 저장되었던 문서 자료나 그림 파일을 클라우드에 올려두기만 하면, 학교나 도서관 등 다른 장소에서도 컴퓨터나 휴대폰을 통해 바로 파일을 불러올 수 있습니다. 더 이상은 이메일로 과제 파일을 보내놓을 필요가 없는 것이지요. 눈에 보이지 않지만 네트워크상에 존재하는 어마어마하게 큰 저장 공간이 저 위에 구름처럼 어딘가에 있

• • •

클라우드 서비스 : '구름(cloud)'이라는 뜻을 지닌 클라우드는 소프트웨어와 데이터를 인터넷과 연결된 중앙 컴퓨터에 저장하여 인터넷에 접속하기만 하면 언제 어디서든 데이터를 이용할 수 있도록 하는 장치를 말한다.

어서 '클라우드'라는 이름이 붙은 게 아닐까요? 인류가 중요한 기록물을 저장하는 방법이 거대한 인터넷 바다 속에 떠다니는 클라우드 서비스로까지 발전했는데요. 향후엔 우리의 뇌를 그대로 저장하는 기상천외한 저장 수단이 등장할지도 모르겠습니다.

조개껍질에서 비트코인까지 ● ● ●

기술의 발달은 눈에 보이지 않는 화폐도 만들어냈습니다. 옛날에는 조개껍질 같은 물건이 화폐를 대신하던 때도 있었지요. 현금이 없어도 구매 가능한 신용카드는 1950년에 최초로 만들어졌습니다. 물건 값을 즉시 지불하지 않고, 추후에 돈을 받을 수 있다는 신뢰를 바탕으로 나중에 결제하는 수단이지요. 음식 배달원이 문 앞에서 단말기로 카드 결제를 할 수 있게 된 것도 얼마 되지 않은 일입니다. 요즘은 카드 단말기 없이도 스마트폰 앱으로 신용 카드 결제가 가능하지요. 버스를 탈 때 교통비를 지불할 때 썼던 토큰이나 종이 버스표도 이제는 추억의 물건이 되어 박물관에서나 볼 수 있습니다.

인터넷 세상에서는 도토리나 별, 콩 같은 사이버 머니가 돈 역할을 대신하기도 합니다. 또, 신용카드로 결제하는 것도 번거로워서 온라인에서 클릭 한 번이면 간편하게 결제할 수 있게 만들어주는 서비스도 속속 등장하고 있지요. 2009년에는 타임지 Time

가 '완벽한 화폐'라고 언급한 '비트코인Bitcoin'이라는 운영자 없는 가상화폐가 탄생하기도 했습니다.

비트코인은 단순한 사이버 머니를 넘어 화폐로써의 가치를 인정받고 있습니다. 그렇다면 가상화폐인 비트코인과 사이버 머니의 차이는 무엇일까요? 가장 큰 차이점은 화폐의 기능을 하느냐 못하느냐에 있습니다. 비트코인은 실제 화폐처럼 그 가치가 항상 변하지요. 반면에 사이버 머니는 발행량이 정해져 있지 않고, '도토리 1개=100원'인 것처럼 가치가 항상 절대적이기·때문에 화폐로써의 기능은 하지 못합니다. 비트코인에 대한 좀 더 자세한 내용은 다음 장에서 살펴보기로 할게요. 이렇게 세상이 변화함에 따라 지불 방식도 변했는데요. 공상 과학 영화에서처럼 앞으로는 현금을 쓰는 사람이 아예 없어질 수도 있겠단 생각도 듭니다.

돌멩이에서 계산기, 그리고 컴퓨터 ● ●

대형마트에 장을 보러 갔을 때, 셀프 계산대를 이용해본 적 있나요? 물건에 새겨진 바코드를 계산대의 센서에 대면 저절로 물건의 정보와 가격이 화면에 뜨지요. 물건 정보가 입력되고 나면 계산대 안에 설치된 프로그램이 계산을 해서 지불해야 할 가격을 알려줘요. 하지만 작은 슈퍼마켓에서는 직원이 물건에 부착된 가격표를 보며 일일이 계산기로 지불 금액을 계산합니다. 기술과 도구에 따라 달라진 우리의 일상 풍경이지요.

　계산기가 없을 때에는 사람들이 주산을 하거나 종이에 써서 계산을 했어요. 더 먼 옛날로 거슬러 올라가면 돌멩이나 손가락과 발가락을 사용해서 수를 세고 계산했지요. 매듭을 이용하거나 선을 그어 계산하는 방법에서 더 나아가 '주판'이라는 도구를 발명했고, 점점 복잡한 계산을 위해 톱니나 피스톤 같은 기계 부품을 조합하여 만든 기계식 계산기가 발명되었습니다. 우리가 현재 쓰고 있는 덧셈과 뺄셈뿐 아니라 곱셈, 나눗셈이 가능한 계산기는 17세기 후반에나 등장했지요.

　계산기가 현재 우리가 쓰고 있는 컴퓨터의 조상입니다. '컴퓨터computer'라는 단어는 원래 '계산을 하는 자'라는 뜻에서 지어진 명칭이었지요. 처음 컴퓨터가 세상에 등장하게 된 계기도 수학자들이 어려운 계산을 쉽게 하기 위해서였어요.

　에니악ENIAC이라는 전자식 컴퓨터는 초당 5,000번 이상의 계산을 할 수 있었고, 이것은 이전의 컴퓨터에 비해 1,000배 이상 향상된 속도를 자랑했습니다. 에니악은 당대 최고의 수학자들이 손이나 기계식 계산기로 20시간이 걸려도 풀어내지 못하던 연산 문제를, 단 30초 만에 해결했지요. 그런데 컴퓨터가 이러한 성능을 발휘하기 위해선 선풍기 3,500대를 돌릴 수 있는 전력과 18,000여 개의 진공관, 그것을 설치할 수 있는 커다란 공간이 필

● 에니악(ENIAC)

1943년에서 3년에 걸쳐서 1946년에 펜실베이니아 대학의 모클리(J.W Mauchil)와 에커트(J.P Eckert)
교수가 발명한 전자식 컴퓨터. 18,000여개의 진공관이 사용된 높이 5.5m, 길이 24.5m, 무게가 30톤인 거
대한 계산기였다.

요했어요.

그런데 지금 우리가 쓰는 컴퓨터는 어떤가요? 요즘에 출시되
는 노트북은 2kg을 넘지 않아 편하게 들고 다닐 수 있고, 초당 10
억 번 이상의 연산을 처리할 수 있지요. 어마어마하게 큰 단위의
반복적인 계산은 모든 공장의 생산 라인과 건축물 설계, 기차 운
행이나 비행기의 이착륙, 일기예측 등을 하기 위한 필수 과정이
되었어요. 통계를 기반으로 한 자료는 국가 주도의 공공 분야에
쓰이면서 세금을 계산하거나 예산을 집행할 때 활용되곤 하지

요. 만약에 컴퓨터 없이 사람의 힘으로만 했다면 정확도도 떨어지고 업무의 효율도 지금과 같을 수는 없었을 것입니다.

기록하고 저장하고 유통하고 소통하는 등 모든 분야가 완전히 새로운 방법을 택하며 세상이 바뀌고 있고, 전 세계 사람들의 생활 수준도 점차 높아지고 있어요. 바로 컴퓨터와 인터넷의 발달 때문이지요. 하지만 더 정확히 말하자면, 소프트웨어가 발전했기 때문이에요. 앞서서 말한 지도 애플리케이션, 클라우드, 비트코인이 모두 소프트웨어입니다. 소프트웨어가 정확히 뭐냐고요? 이제부터 그 이야기를 시작해볼게요.

나를 둘러싼
소프트웨어

"이 문제를 푸시오!!! 이 문제를 푸시오!!! 30초 안에 풀면 천재 주인님."

아침 7시, 수학문제를 풀어야 알람이 꺼지는 애플리케이션이 나를 깨웠다. 얼마 전까지는 폰을 100번 흔들어야 꺼지는 기능을 이용했지만 이게 효과가 더 좋다. 아침부터 풍기는 맛있는 냄새에 씻지도 않고 부엌으로 달려갔다.

"와 엄마 오늘 누구 생일이에요? 아침부터 고기파티네!"

"투 빅 투 빅Too big, Too big. 쓰레기가 너무 크다! 너무 크다!"

우걱우걱 맛있게 먹고 있는데 바보 같은 로봇 청소기가 내 발을 툭 툭 건들이며 자꾸 흡입하려고 했다.

"아 엄마 이 로봇 갖다 버려요. 아무리 생각해도 프로그래밍이 잘못 됐단 말이야."

"네 발에 냄새 나나보지. 한빈이 너보다 똑똑하네!"

냉장고 앞의 작은 문을 열어 물을 마시다가, 괜히 심술이 나서 로봇 청소기의 건전지를 빼버렸다.

"학교 다녀오겠습니다."

준비를 마치고 현관을 열고 나가니 운 좋게 엘리베이터가 30층에서 날 기다리고 있다. 버스 정류장의 버스 도착 알림판은 4분 후 55번 버스가 온다고 깜빡깜빡하고, 오늘따라 신호등은 계속 녹색이다. 굿 타이밍! 무사히 교문 통과. 1교시가 끝나자 담임선생님께서 날 교무실로 부르셨다. 지난주에 도서관에서 했던 봉사활동 확인서가 NEIS교육행정정보시스템의 생활기록부에 전자 문서로 도착했다며 확인하라고 하셨다.

6교시 수업이 끝나고 나도 형처럼 통장을 만들어 저축 좀 해볼까 생각해서 은행에 들렀

다. 스마트폰 게임을 하면서 들어가다가 유리문에 머리를 부딪힐 뻔했지만 자동문이라 재빨리 열려 부딪히진 않았다. 번호표를 뽑고 에어컨 바람이 바로 닿는 곳에 앉아 기다리다가 222라는 숫자가 전광판에 뜨자 곧장 달려가 통장을 하나 만들었다. 100만 원이 모이면 최신 노트북을 살 거다! 집으로 돌아와서는 스마트TV로 <무한도전> 다시보기를 하고 있는데 민준이가 우리 집에 놀러왔다. 같이 컴퓨터 게임도 하고 위^{Wii}로 탁구를 치고 놀다 더워서 얼음 정수기에서 얼음을 꺼내 아작아작 씹어 먹는데, 갑자기 차가운 걸 많이 먹어서 그런지 설사를 할 것 같은 느낌이!! 화장실에서 시원하게 볼일을 보고 비데로 깨끗이 씻고 공기청정기를 틀어놓았다. 오늘 저녁엔 가족과 함께 오랜만에 외식을 하고 영화도 보기로 했다. 아빠가 카드를 주시며 나에게 계산을 하라고 하셔서 카운터에서 카드 단말기 터치스크린에 하트 모양으로 센스 만점 사인을 했다. 엄마는 영화관 주차장에서 주차권을 발급받는 걸 꼼꼼히 챙기셨고, 나는 얼른 무인매표소에서 티켓을 발급받았다.

소프트웨어란 무엇일까? ● ● ●

퀴즈를 하나 풀어봅시다. 앞에 나온 〈한빈이의 하루〉에서 한빈이가 하루에 만난 '소프트웨어software'는 모두 몇 개일까요? 다시한 번 읽으면서 세어 볼래요? 5개? 10개? 잘 모르겠다고요? 지금부터 소프트웨어가 뭔지 알아가다보면 금방 정답을 맞힐 수 있어요.

소프트웨어를 우리는 흔히 '프로그램program'이라고 말합니다. 프로그램이라고 하니까 좀 더 쉽게 다가오죠? '소프트웨어가 곧프로그램이다.' 생각하면서 먼저 컴퓨터를 한번 살펴보세요. 컴퓨터 본체와 모니터 같은 딱딱한 기계 장치들은 '하드웨어hardware'라고 합니다. 소프트웨어는 크게 '시스템 소프트웨어'와 '응용 소프트웨어'로 나뉘지요. 시스템 소프트웨어는 컴퓨터를 동작시키는일을 합니다. 운영체제Operating System와 같은 의미라고 생각하면 쉽지요. 줄여서 'OS'라고도 말합니다. 컴퓨터를 부팅하면 창문 이미지와 함께 '윈도우즈Windows'가 첫 화면에 나오죠? 이게 바로 운영체제입니다. 컴퓨터라는 딱딱한 기계가 게임, 검색, 음악 듣기 등우리가 원하는 것을 할 수 있게 하는 전체 무대를 말합니다. 요즘에는 아이맥이나 맥북을 쓰는 친구들도 많은데, 애플Apple사가 만든 컴퓨터 운영체제는 '오에스엑스OS X'이지요.

운영체제가 작동된 컴퓨터에서 우리가 원하는 작업을 하려고실행시키는 개별 프로그램이 응용 소프트웨어입니다. 숙제를 하기 위해 켜는 파워포인트, 워드, 포토샵과 취미로 즐기는 컴퓨터 게임들이 모두 응용 소프트웨어에 속하는 것입니다. 파일을 압축시켜주는 알집, 바이러스를 잡는 V3 백신, 음악과 영상을 보는 곰Gom플레이어 등 수많은 응용 프로그램들이 우리들에게 편의와 재미를 제공하고 있습니다.

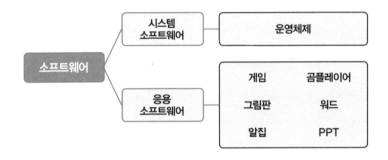

하지만 이런 소프트웨어는 내 방 컴퓨터에만 있는 게 아니지요. 우리 손 안의 작은 세상, 스마트폰도 소프트웨어의 집합체입니다. 스마트폰에도 운영체제가 있습니다. 아이폰은 아이오에스iOS라는 운영체제를 기반으로 하고 그 외 대부분의 스마트폰은 구글이 만든 안드로이드Android라는 운영체제를 사용하지요. 그래서 프로그래머가 스마트폰에 들어갈 애플리케이션을 만들 때에는 두 가지의 다른 종류로 개발해야 합니다. 안드로이드용과 아이폰용을 따로 만들어서 각각 구글의 플레이스토어와 애플의 앱

스토어에 올려야 하죠. 운영체제가 다르기 때문이에요. 스마트 폰에서 우리가 즐겨 이용하는 다양한 게임, 사전, 알람 등의 애플 리케이션은 모두 응용 소프트웨어라고 할 수 있겠죠.

그러면 오직 컴퓨터랑 스마트폰에만 소프트웨어가 있을까요? 그렇지 않아요. 우리의 일상 곳곳에 어디에서나 소프트웨어를 찾을 수 있습니다. 냉장고나 세탁기의 온도나 상태를 나타내주는 액정 화면에도 모두 소프트웨어가 장착되어 있지요. 카드 결제를 위한 단말기에도, 지하철역에 세워진 터치형의 광고판이나 지도 검색 패널, 영화관의 무인티켓 매표소와 교통 상황을 체크하는 신호등 등에도 모두 소프트웨어가 장착되어 있습니다. 우리가 생활하는 모든 곳에 소프트웨어가 숨어 있다고 해도 과언이 아니지요.

모든 기계의 핵심은 소프트웨어라고 할 수 있습니다. 우리가 원하는 대로 기계를 작동할 수 있게 해주기 때문이지요. 나를 구성하는 몸이 하드웨어라고 한다면 나의 정신, 생각, 가치관 등 눈으로 볼 수 없는 것은 모두 소프트웨어라고 할 수 있는 것입니다.

만화와 영화에 소프트웨어가 등장한다면? ● ● ●

소프트웨어 개념을 이해했으니 이제 만화나 영화 속 장면에 소프트웨어를 등장시켜 어떤 스토리가 전개될지 상상해봅시다. 먼저 만화 〈서유기〉를 예로 들어볼까요? 삼장법사가 천방지축 손오공을 통제하는 수단은 딱 한 가지입니다. 바로 손오공의 머리를 두르고 있는 머리띠처럼 생긴 고리이지요. 이것에 소프트웨어를 장착한다면 어떻게 만들까요? 우선은 하드웨어인 고리를 만들어서 손오공 머리에 씌워야겠지요. 그리고 삼장법사가 불경을 암송하면 고리가 반응하는 소프트웨어를 넣으면 됩니다. 불경 소리가 들리면 고리가 점차 작아지며 손오공의 머리를 조이는 조정 역할을 소프트웨어가 담당하게 되는 거지요.

이번엔 만화 〈도라에몽〉을 생각해 볼까요? 도라에몽이 노진구에게 처음 보여준 비밀 도구인 대나무 헬리콥터를 기억하나요? 만약 여기에 소프트웨어가 장착되어 있다면 어떻게 될까요? 대나무 헬리콥터를 머리에 꽂은 후에 "학교로 가자!"라고 외치면 목소리를 인식하고 학교의 위치를 파악해서 날아가게 할 수 있습니다. 목소리를 인식하고 학교 위치를 파악하는 것도 다 소프트

웨어가 할 수 있는 일이니까요.

생텍쥐페리의 소설 《어린왕자》에서 "만약 네가 오후 4시에 온다면 나는 3시부터 행복해질 거야."라는 여우의 명대사도 소프트웨어와 결합할 수 있습니다. 여우가 GPS를 이용한다면 어린왕자가 도착하기 전까지 거리와 시간이 얼마나 남았는지 정확하게 알 수 있겠지요.

동화 《사냥꾼과 토끼》에는 사냥꾼에게 쫓기고 있는 토끼가 나옵니다. 토끼는 길에서 마주친 나무꾼에게 자기가 반대편으로 갔다고 말해달라고 합니다. 사냥꾼이 나무꾼에게 "토끼가 어디로 갔나요?"라고 물어보면서 거짓말 탐지기를 이용해 그의 심장 박동수와 호르몬을 확인한다면 어떨까요? 완전히 다른 결말이 나왔겠죠.

영화 〈백투더퓨처 Back To The Future〉는 1985년에 살던 사람들이 타임머신을 타고 30년 후의 미래인 2015년으로 옵니다. 바로 얼마 전이지요. 영화를 만들 당시에 '2015년은 이러한 모습일 거야.'라고 상상해서 찍은 장면들 중 지금 실현된 것도 있고, 오히려 더 발전한 것도 있습니다. 영화 주인공 마티가 미래에 도착하자마자 본 것은 하늘을 나는 자동차였지요. 실제로 미국의 테라퓨저Terrafugia라는 회사는 비행기처럼 하늘을 나는 자동차를 곧 출시한다고 합니다.

〈백투더퓨처〉에서 볼 수 있는 또 다른 소프트웨어 중 하나가 자동으로 끈을 조이는 운동화입니다. 신발을 신기만 하면 뒤꿈치 부분의 센서가 압력을 감지해 자동으로 끈을 조여 주는 운동화인데, 나이키NIKE에서 실제로 출시되었지요. 신발에는 건전지, 전기 도르래, 통신 소프트웨어가 장착되어 있습니다. 또 마티의 아들과 딸이 밥을 먹다가 몸에 부착한 기계를 활용해 전화를 하는 장면도 나오는데, 이는 현재 스마트 안경과 스마트 시계로 현실화되었지요. 그밖에 태블릿 PC, 지문인식 도어 록, 자동주문 시스템 등 영화 속에 나왔던 소품 대부분을 이제는 현실에서 볼 수 있습니다.

〈백투더퓨처2〉에 나왔던 자력으로 공중에 떠다니는 호버보드도 이젠 현실에서 탈 수 있습니다. 2016년 4월, 최장거리 호버보드 비행 세계기록이 경신되었어요. 프랑스 제트스키 선수가 2,252km를 활공했지요. 최근에 만들어진 호버보드로는 최대 150km/h까지의 속도를 낼 수 있고 수직 3,050m까지 상승할 수

 호버보드 영상보기

있다고 하죠. 그런데 호버보드 가격이 무려 2,000만 원이나 된다고 하니 일상에서 쉽게 즐기려면 좀 더 시간이 걸리겠지만, 지금보다 더 발전해서 목적지만 말하면 호버보드가 알아서 그곳으로 안내할 날도 머지 않은 것 같습니다.

모든 산업은 소프트웨어와 합체 중 ● ● ●

소프트웨어는 지식 창조 사회의 핵심 자원입니다. 우리가 살아가고 있는 세상에서 소프트웨어는 모든 산업의 핵심 경쟁력이 되고 있답니다. IT 회사 뿐 아니라 소프트웨어와 거리가 멀 것 같은 농업, 어업, 스포츠, 예술 등에서도 혁신의 도구로 사용되고 있습니다.

여러분이 만약 농부나 어부라면 아침에 눈을 떴을 때, 무엇이 제일 궁금할까요? 맞아요. 바로 그날의 날씨입니다. 오늘 밭에 나가서 씨를 뿌려야 할지, 아니면 며칠 후에 갑자기 추위가 닥쳐 냉해를 입을 수 있으니 작물을 빨리 거두는 것이 좋을지 등 농부가 의사결정을 할 때 중요한 것은 날씨 정보이지요. 어부에게도 이는 마찬가지입니다. 태풍으로 인해 발생할 수 있는 재난을 방지하거나 날씨에 따른 수확량을 예측할 수도 있을 것입니다. 사람의 입으로 전해진 경험이나 노하우만으로는 적중률이 떨어지기 때문에, 데이터에 근간하여 정확한 정보를 제공하는 역할 또

한 소프트웨어의 몫이 되었습니다.

스포츠는 소프트웨어와 관련이 없을까요? 스포츠에서는 판정이나 경기 중계 방식 등이 소프트웨어로 인해 눈에 띄게 발전했습니다. 상대방의 칼이 몸에 닿았는지 안 닿았는지에 따라 승패가 판가름되는 펜싱 등의 종목에서는 센서를 이용해 판정하고, 육안으로 결정된 심판 판정이 디지털 기록을 되돌려보는 것으로 번복되기도 합니다. 유명 선수의 멋진 경기를 해설자가 화면에 그림을 그려가면서 자세히 설명해주는 장면을 몇 번이고 볼 수도 있고요. 이게 모두 소프트웨어가 만들어 놓은 변화입니다.

예술 분야는 어떨까요? 소프트웨어는 예술가의 창조적인 생각을 더 많은 매체와 수단을 통해 표현할 수 있도록 도왔습니다. 미디어 아트나 설치 미술뿐 아니라 다양한 장르에서 전통적인 예술과는 다른 형태로 소프트웨어를 이용한 작품이 탄생하고 있지요. 가상현실 기술을 통해서 박물관이나 미술관 투어가 가능해지는 것은 물론이고, 오래 되어 실물이 보존되지 못하거나 복원이 어려웠던 미술품도 디지털 기술을 활용해 더 편리하고 접근하기 쉽도록 대중에게 다가서고 있습니다.

소프트웨어가 산업 구조를 바꾸어 간다는 것은 알겠는데, 아직 피부로 와 닿지는 않지요? 그럼 다음 장에서 소프트웨어가 우리 집을, 학교를, 운동장을 어떻게 바꾸어가고 있는지 한번 생각해봅시다.

2장

소프트웨어,
꼼짝 마!

최신 소프트웨어 트렌드 정복하기

여러분 중에 얼리어답터(Early Adopter)가 있나요? 얼리어답터는 남들보다 신제품을 먼저 사서 써보는 사람을 말하죠. 특히 IT 분야에는 전 세계적으로 얼리어답터가 많습니다. 실생활에 IT가 미치는 영향이 무척 크기 때문에 시대의 흐름을 남들보다 앞서 주도하고 싶기 때문이겠죠? 조금만 IT 기사에 귀를 기울이면, 아직은 많은 사람들이 쓰고 있진 않지만 이미 개발이 완료된 유용한 소프트웨어들이 많답니다. 이번 장에서는 우리 생활을 더 스마트하게 바꾸었거나 바꿔줄 소프트웨어를 만나봅시다. 또, 이미 뉴스로 접한 최신 소프트웨어 기기가 있다면, 이 제품이 앞으로 우리 사회에 어떤 영향을 미치게 될지에 대해서도 한번 상상해봐요. 지금 이 순간만큼은 사용자의 입장이 아니라 전체 사회를 내다보는 제3자의 입장으로 한 발 비켜서서 생각해보기로 합시다.

내 **방**의 **핵심** **소프트웨어**

3D 프린터로 중국에서는 6일 만에 아파트를 지어 올렸고, 미국에서는 40여 시간 만에 친환경 슈퍼카를 만들었다. 영국에서는 초등학교 4학년 때부터 3D 프린팅 수업을 이수해야 한다는데, 우리 학교도 그러한 트렌드에 맞춰 3D 프린터가 들어왔다. 선생님께서는 3D 프린터로 우리 주위의 모든 것을 만들 수 있다고 하셨다.

"야, 중국은 아파트, 미국은 슈퍼카를 만들었어. 그럼 우리는? 그래! 트와이스 정도는 만들어 줘야 레벨이 맞지!"

"헐! 역시 처… 천재다."

"하루에 한 명씩, 딱 9일간 우리 손으로 피규어를 만들어 보자고!"

3D 프린터 모델링은 처음이라 낯설긴 했지만, 트와이스 모모를 내가 직접 만든다고 하니 어려운 줄 모르게 시간이 갔다. 그렇게 방과 후에 남아 친구들과 함께 모모의 탄생을 지켜보았다. 감격해 하던 순간, 스마트 워치가 학원 갈 시간이라고 알려주었다. 냅다 뛰어 나가려고 하는데, 스마트 운동화에서 급히 전송된 메시지가 블루투스 이어폰으로 들려왔다.

"한빈아, 좀만 천천히 뛰어~ 넘어지겠다고!"

그러자 스마트 워치의 불빛이 반짝거리면서 메시지가 떴다.

"아니야, 계속 뛰어! 학원 수업 시작 5분 남았어."

웨어러블 기기로 사이보그 되기 ●●

인간의 몸에 기계를 덧붙여 결합한 형태를 '사이보그cyborg'라고 합니다. 손상된 팔, 다리, 내장 기관들을 기계로 바꾼 개조된 인간을 의미하죠. 그런데 최근에 웨어러블wearable 기기를 통해서 사람들이 점점 사이보그처럼 되어가고 있어요. 웨어러블 기기란, 스마트폰이나 태블릿과 무선으로 연동해 사용하는 안경이나 손목시계, 밴드형 기기를 일컫는 말입니다. 최근에는 손목이나 얼굴, 귀뿐 아니라 가슴에 착용하는 기기도 출시되었지요.

구글 글래스google glass를 쓰고 윙크를 하면 사람이 보는 시야가 그대로 사진으로 찍혀서 저장되고, 말로 명령을 내려 인터넷 검색으로 순식간에 자료를 찾을 수 있죠. 안경테를 살짝 만지면 안경에 나타나는 화면이 바뀌기도 합니다.

구글 워치google watch는 스마트폰을 손목 시계 형태로 거의 그대로 옮겨놓은 웨어러블 기기여서 무거운 것을 들거나 손을 쓰기 불편할 때 참 유용하답니다. 스마트폰은 아무데나 잘 두고 못 찾을 때도 있지만 스마트워치는 애써 기기를 찾을 필요 없이 항상 볼 수 있다는 점도 편리합니다.

웨어러블 기기는 말 그대로 '입을 수 있는, 착용 가능한' 제품을 통칭하는 말입니다. 지금까지 시중에 나온 제품으로는 안경, 시계, 옷, 반지, 이어폰, 팔찌처럼 착용하는 밴드형 제품이 있습니다. 현재 스마트 안경, 스마트 시계, 스마트 밴드를 사용하는 사람들이 전 세계적으로 증가하고 있지요. 특히 스마트 밴드는 내가 몇 시간 동안 깊게 잤는지, 걷기나 뛰기 등 운동량이 어느 정도였으며 칼로리를 얼마나 소비했는지 체크하고 통계를 내 그래프로 보여줘 건강관리를 돕는답니다. 가속도 센서라는 게 부착되어 있어서 신체의 다양한 움직임을 감지해 이런 것을 기록하지요. 스마트 벨트는 사용자의 허리둘레, 걸음 수, 앉은 시간, 과식 여부를 자동으로 측정해 복부 비만을 예방하고 관리하기도 합니다.

구글에서는 토킹슈즈talking Shoes라는 스마트 신발을 만들었습니다. 토킹슈즈를 신고 뛰면 '뛸 때 느끼는 바람이 너무 좋아.'라고 스마트폰에게 메시지를 보내죠. 농구 경기를 마치고 나니 '네가 날 자랑스러운 신발로 만들었어.'라고 합니다. 토킹슈즈에는 회전수, 압력, 가속도를 확인하는 센서, 블루투스, 스피커 등이 탑재되어 사용자의 움직임을 감지해 어떤 행동을 하는지 분석하고 번역합니다. 또 유머러스한 말로 사용자에게 동기부여해서 행동 패턴을 바꾸기도 하지요.

웨어러블 기기는 처음에 군사용 목적으로 개발되어 튼튼하고 오래 쓸 수 있는 대신 크고 무거웠어요. 하지만 점차 일반인이 사용하는 제품을 만들면서 작고 가볍고 디자인이 예쁜 제품으로 진화하고 있습니다. 아직까지 사용자가 엄청나게 많은 것은 아니지만 디자인이 점점 좋아지고 있어 앞으로 스마트폰처럼 널리 사용될 것으로 예측돼요. 또, 웨어러블 기기의 배터리가 오래 간다면 더욱 편해지겠죠!

시각장애인을 위한 스마트 워치 제품으로 '닷dot'이라는 점자 웨어러블 기기도 있습니다. 스마트 워치의 기능을 점자로 구현해 시각장애인이 웨어러블 기기를 이용할 수 있도록 만든 것이에요. 이 스마트 워치에 GPS* 기능을 탑재하여 시각장애인들에

• • •

GPS : 'Global Positioning System'의 약자로 위성에서 보내는 신호를 수신해 사용자의 현재 위치를 계산하는 위성항법시스템을 말한다. 항공기, 선박, 자동차 등의 내비게이션 장치에 주로 쓰이고 있으며, 최근에는 스마트폰, 태블릿pc 등에서도 많이 활용되고 있다.

게 가장 필요한 길 찾기나 안전보행 기능을 실현해 이들에게 보행의 자유를 선물하고 싶다는 목표를 가진 멋진 스타트업^{start-up} ●
도 있지요.

이처럼 웨어러블 기기는 신체에 탈부착이 가능한 형태로 우리 능력을 업그레이드 시켜주고 있습니다. 어떤 소프트웨어를 착용하면 우리의 삶이 좋아질까요? 이성친구의 심장박동수를 들을 수 있는 웨어러블 기기는 어떤가요?

내 물건은 내가 만든다! 3D 프린팅 ● ● ●

'3D프린터를 이용해 햄버거나 초콜릿을 만들 수 있다'는 뉴스를 본 적 있나요? 산업혁명 이후 공장에서 대량으로 생산하던 시대에서 이제는 개인이 디자인한 물건을 집 안에서 만들 수 있는 시대로 점점 변화하고 있답니다. 아기자기한 것을 좋아하는 사람, 화려한 것을 좋아하는 사람, 심플한 디자인을 좋아하는 사람 등 여러 개성을 가진 사람들이 자신의 취향에 따라 3D프린터로 맞춤형의 물건을 제작할 수 있는 시대가 온 것이죠.

3D프린터는 계속 작아지고 있고 저렴해지고 있습니다. 대부

● ● ●

스타트업(start-up) : 혁신적 기술과 아이디어를 보유한 설립된 지 얼마 되지 않은 창업기업으로, 대규모 자금을 조달하기 이전 단계라는 점에서 '벤처(venture)'와 차이가 있다.

분의 가정집에 종이를 인쇄하는 프린터가 있듯이, 이제 곧 3D프린터도 보편화될 가능성이 높지요. 그렇게 되면 이제 집에서 부러진 장난감의 바퀴도 손쉽게 만들 수 있고, 이사하다가 잃어버린 전자 기기 버튼, 나만의 스마트폰 케이스, 내가 좋아하는 애니메이션 피규어도 뚝딱 만들 수 있답니다. 비싼 돈을 들일 필요가 없어지는 거죠.

3D프린터는 한 층 한 층 차례로 쌓아가며 물건을 만들어나가는 방식을 가장 많이 씁니다. 그 재료로는 값이 저렴한 플라스틱이 많이 이용되지요. 플라스틱 재료를 얇은 실로 만든 것을 '필라멘트filament'라고 하고, 이 필라멘트는 강한 열로 녹일 수가 있어요. 가장 널리 이용되는 3D프린터는 필라멘트를 강한 열로 녹여서 원하는 위치에 쌓아올리고, 열을 식히는 팬fan을 이용하여 굳혀가면서 물건을 만든답니다.

3D로 된 형상을 만들기 위해서는 3D프린터가 이해할 수 있는 데이터로 만들어줘야 하는데 이것을 '모델링modeling'이라고 합니다. 당연히 모델링을 잘할 수 있어야 3D프린터를 자유자재로 활용할 수 있겠죠. 요즘은 모델링 프로그램들이 점차 쉬워질 뿐 아니라 무료로 쓸 수 있는 경우가 많아서 자신에게 맞는 프로그램을 선택하면 됩니다. 대표적으로 구글의 '스케치업SketchUp'을 들 수 있지요. 컴퓨터에 다운받기만 하면 누구나 3D로 도면 작업을 쉽게 할 수 있도록 돕는 프로그램이죠. 관심 있는 친구들은

직접 다운로드 받아 실행시켜보세요.

　앞으로 3D프린터는 단순히 부품이나 케이스를 만드는 것에서 확장하여 바이오 재료를 이용해 인공 장기까지 만들 수 있게 된다고 합니다. 실제로 벨기에 하셀트대학교의 생의학연구소에서는 환자의 턱뼈를 3D프린터로 제작해 이식 수술에 성공했고, 미국 코넬대학교의 연구팀은 세포와 연골을 이용해 인공 귀를 만드는 데 성공했지요. 이처럼 3D프린터는 발전가능성도 높고 장점이 많아 세계 여러 나라의 정부와 기업에서 투자를 아끼지 않고 있답니다.

벽과 침대가 말을 하네, IoT ●●●
미래에는 우리 주변의 사물에 컴퓨터 칩과 통신 기능을 내장해 사물이 만들어낸 정보를 공유하는 환경이 조성될 것입니다. 집 밖에 나가 있어도 내 손에 스마트폰이 있으면 집안 형광등과 부엌에 있는 가스레인지, 난방 장치, 로봇 청소기를 조정할 수 있고, 사물들끼리도 서로 이야기를 나눌 수 있다고 상상해보세요.

예를 들어, 사람의 움직임이나 체온이 감지되지 않아 형광등이 스스로 등불을 끄면서 "집에 아무도 없어."라고 보일러에게 말해 주면, 보일러는 스스로 온도를 낮추고, 로봇 청소기는 알아서 작동하고, 만약 가스레인지에 불이 켜져 있었으면 불을 알아서 끄게 되는 것이죠. 정말로 그런 날이 올까요?

식사량을 조절할 수 있는 해피포크Hapi Fork라는 것도 있어요. "그만 먹어, 많이 먹었어!"라고 말하면, 다른 포크를 들어야겠네요. 그러다가 또 두 번째 해피포크가 "영양 과잉이야, 그만 먹어!" 하면 이젠 손으로 먹게 될지도 모르겠어요. 우리 주변에 있는 디지털 기기들의 연결은 2019년까지 폭발적으로 증가하게 될 것입니다. 사물과 사물뿐 아니라 웨어러블 기기를 착용하고 있는 사람이나 동물과도 연결되죠. 웨어러블 기기도 IoTInternet

of Things, 사물인터넷의 일부예요. 안경, 팔찌, 신발 등이 나의 스마트폰과 연결되니까요.

IoT 시대의 난방 장치는 온도 조절을 위한 학습을 할 것이고, 그 밖의 사물들 또한 스스로 데이터를 획득하고 활용하면서 지능을 갖추게 되겠지요. 스마트폰이 보급되어서 이제는 무선랜과 블루투스 등으로 집 안의 환경과 쉽게 연결할 수 있게 됐어요.

이를 이용해 건강 관리도 할 수 있답니다. 예를 들어, 환자들이 당이 부족한 것을 냉장고가 인지해서 달콤한 망고 주스 한 잔을 마시라고 제안할 수도 있지요. 혈당이 부족하면 갑자기 쓰러지는 경우가 있는데 아무도 없는 아파트 복도에서 쓰러졌을 때 벽이 그것을 감지하고 119에 신고할 수도 있고, 길을 가는 도중에 쓰러졌다면 스마트폰이 "당뇨병이 있는 환자예요. 혈당이 부족해 쓰러졌으니 도와주세요."라고 외칠 수도 있죠. 사물들이 전부 소프트웨어를 장착하게 되면 무척 편하고 좋을 것 같기도 하지만, 한편으로는 점점 모든 것을 사물에 의존하게 되지 않을까 우려도 됩니다.

한번 생각해볼까요? 인터넷에서는 모르는 사람과 쉽게 연결이 가능합니다. 이렇게 되면 자신의 의도와 상관없이 나를 위해 움직여야 하는 물건들이 다른 사람의 의도대로 조작될 가능성이 있는 등 보안 문제가 발생합니다.

가스레인지가 스스로 꺼질 수도 있지만 누군가에 의해 켜질 수도 있기 때문에 나쁜 마음만 먹으면 누군가 화재를 발생시킬 수 있고, 또 해킹이나 금융 피해도 생길 수 있습니다. 데이터를 관리하는 서버나 집 안의 네트워크를 관리하는 서버 업체들이 보안성을 강조해서 제품을 만들어야 할 것입니다. 또 개인 프라이버시가 노출되고, 이런 개인 정보들이 악용될 가능성도 있지요. IoT로 인해 우리는 이전보다 훨씬 편리한 삶을 누릴 수 있지만, 우리가 어떠한 윤리 의식을 가지고 편리함을 지켜나가야 하는가에 대해서는 좀 더 신중하게 생각해볼 필요가 있습니다.

운동장의 핵심
소프트웨어

"가라, 피카츄. 너로 정했다!"

오늘은 속초로 놀러 가 증강현실을 기반으로 한 포켓몬 고 ^{Pokemon} ^{Go} 게임을 했다. 뛰어다니며 100마리 정도의 포켓몬을 잡고 나니 지쳐서 공원에서 드론을 날렸다. 내 이니셜과 사진을 새겨 3D프린터로 직접 만든 세상에 단 하나뿐인 나만의 드론. 드론에 달린 소형 카메라가 저 높은 곳에서 바다를 찍은 영상을 스마트 워치로 바로 전송했다.

저녁엔 가족과 광화문에 가기로 해서 서둘러 고속버스를 탔다. 이럴 때는 나만의 전용 운전사와 자동차가 있었으면 좋겠다고 생각하며 주행 테스트 중이라던 무인카를 떠올렸다. 중요한 미팅이 잡힌 아빠가 서류를 검토하며 회의 장소로 움직일 수 있게, 팔에 힘이 점점 없어진다는 할아버지가 언제든 편하게 병원에 갈 수 있게 말이다. 그리고 한 가지 바람이 있다면, 운전면허가 없는 나같은 미성년자도 무인카를 탈 수 있게 허가하는 법을 만든다면 얼마나 좋을까. 신호등에 빨간불이 들어왔는지 나보다 더 정확하게 알고, 골목길에서 뛰어 나오는 어린아이를 나보다 더 빨리 감지한다는 무인카. 이런저런 상상을 하다보니 어느덧 광화문에 도착했다. 그곳에선 홀로그램 시위가 한창이었다. 진짜 사람은 한 명도 없는 유령 집회에 많은 사람들이 관심을 가지는 것을 보면서, 참 희한한 세상이 다가오고 있다고 생각했다.

훨훨 나는 장난감 드론 ● ● ●

요즘 어른들의 장난감으로 인기를 많이 끌고 있는 것 중 하나가 '미니 드론'이에요. 사람이 타지 않고 나는 비행기인 무인항공기를 '드론^{dron}'이라고 합니다. 전쟁 때 적들의 기지를 파악하고 정찰하기 위해서, 또 전체 상황을 파악하고 공격하기 위해서 무인항공기는 꼭 필요했죠.

드론은 사실 TV 프로그램에서도 자주 볼 수 있습니다. 특히

〈꽃보다 청춘〉, 〈정글의 법칙〉, 〈1박2일〉 같은 여행프로그램을 제작할 때, 멋진 자연 경관을 촬영하기 위해 드론을 사용합니다. 동계 올림픽에서 스키점프나 스노보드 경기를 할 때에도 드론에 장착된 카메라가 선수를 따라가며 경기 장면을 생생히 전달하죠. 이렇게 시청자들의 눈 호강을 위해 종종 촬영용 드론이 사용됩니다.

일본, 뉴질랜드, 호주 등에선 드넓은 들판에 농약을 살포하기 위해 드론을 쓰기도 하고, 브라질에서는 패션디자이너가 만든 옷을 입은 마네킹을 드론에 매달아 고층 빌딩 사이를 날아다니게 하며 공중 패션쇼를 하기도 했죠. 일본의 한 창고형 신발 가게에서는 태블릿pc에서 원하는 신발을 터치하면 드론이 신발을 찾아들고 날아와 손님의 발 앞에 내려다주기도 합니다.

 (좌) 신발을 날라다 주는 드론 영상
(우) 피자를 배달하는 드론 영상

피자를 배달하는 드론도 있습니다. 신호등도 교통체증도 없는 하늘을 날아서 배달하면, 훨씬 따뜻한 피자를 먹을 수 있게 되겠죠?

드론을 이용한 배달 서비스는 미국의 대도시보다는 오히려 서울에 적합할 거예요. 기술이 적합하게 쓰이려면 주위의 조건이나 환경도 갖추어져야 시너지를 발휘할 수 있습니다. 인구 밀도가 높고 배달 수요가 높은 서울이 딱 이죠. 아파트 20층에 산다면 드론이 엘리베이터를 타지 않고 베란다에서 바로 피자를 건넬 수도 있겠네요.

이렇게 최근 IT 기업들이 드론으로 많은 것을 시도하고 있습니다. 세계적인 유통 기업인 아마존Amazon은 드론을 이용한 '아마존 프라임 에어Amazon Prime Air'라는 배달 서비스를 출시했지요. 하지만 미국 정부에서 드론 배달을 법적으로 허가하지 않아 시행이 보류되었습니다. 테러의 위험 때문이지요. 누군가 폭탄을 실은 드론을 집 앞에 두고 갈 수도 있으니까요.

또 구글은 드론 개발 회사를 인수해서 지형이나 경제적 이유로 인터넷 사용이 어려운 곳에도 활용할 수 있도록 하려고 해요. 드론 조정은 무선통신으로 이뤄지는데 눈에 보이지 않으면 누군가가 도청하거나 조작할 가능성이 있죠. 또 중간에서 통신을 방해하는 전파를 내보낼 수도 있고요. 드론은 이러한 갖가지 위기 상황에 대응할 수 있도록 프로그래밍해 놓아야 할 것입니다.

2015년 1월에는 백악관 정원에 개인용 드론이 침입했어요. 이 돌발 상황에 어떤 경호원도 제대로 막아낼 수 없었죠. 대통령 경호가 드론으로 인해 구멍이 난 거죠. 다행히 미국 정부의 정보를 빼내거나 감시 도찰을 하는 나쁜 의도를 가지고 접근한 것은 아니었고, 백악관 근처에 사는 과학자가 술에 취해 개인용 드론을 날리다가 벌어진 해프닝이었어요. 다음날 과학자는 처벌을 받지 않고 공개 사과를 했지만, 앞으로 드론으로 일어날 수 있는 일에 대해 다시 생각하게 하는 사건이었습니다. 이후 미 연방항공국은 소형 드론에 대한 규정을 재빨리 마련했죠.

군사용으로 제작된 초소형 드론도 있어요. 크기가 너무 작아서 레이더에 포착이 안 되죠. 초소형 카메라와 마이크까지 장착해 염탐하기 딱 좋은 형태입니다. 좋아하는 혹은 싫어하는 사람의 집에 드론을 들여보내 몰래 사생활을 엿볼 수도 있겠죠? 여름이 되면 누드비치에 드론을 띄워 찍은 영상을 인터넷에 뿌리는 사람이 나타날지도 모르겠어요. 과학 기술의 발전에 발맞춰 앞으로 어떤 일이 부작용으로 일어날지 예상하고 그에 관한 규정과 법규를 만드는 일도 중요해진 시대랍니다.

무인자동차, 미래를 운전하다 •••

"자동차는 이제 가솔린이 아니라 소프트웨어로 간다Cars are now running on not gasoline but software ."메르세데스 벤츠mercedes-benz 회장이 한 말입니다. 요즘 출시되는 자동차 중에는 운전석에 타면 자동으로 시동이 걸리고, 사이드미러를 보지 않아도 내부에 있는 모니터로 옆 차로와 후방 상황을 파악할 수 있는 차들이 많습니다. 아이패드 같은 태블릿pc로 애플리케이션을 실행시키는 것처럼 내비게이션 조작, 음악 틀기, 와이퍼 움직이기, 트렁크 열기 등 자동차 안에서 모든 조작이 모니터 터치를 통해 이루어지지요. 우리가 자동차에 탄다는 건 이제 커다란 IT 기계에 올라타게 되는 것과 마찬가지이죠. 소프트웨어를 업데이트하면 새 차로 바꾸지 않아도 기능이 향상됩니다. 마치 스마트폰이 자체적으로 업그레이드되는 것처럼 말이죠.

자동차의 미래는 얼마나 IT와 융합이 잘되느냐가 관건이 되었습니다. 2G폰을 쓰다가 스마트폰을 접하게 되면서 삶의 방식이 새롭게 바뀌어왔듯이, 자동차가 IT와 접목하게 되면 우리 삶이 혁신적으로 변화할 것입니다. 메르세데스 벤츠, BMW, 현대자동차 등 기존의 자동차 제조 회사뿐 아니라 구글과 애플 등 다양한 IT 기업이 무인자동차 시장에 뛰어들고 있습니다. 무인자동차는 '자동운전 차량' 또는 '자율주행 자동차'를 뭉뚱그려 표현한 말이지요. 차 안에 사람이 없다는 뜻의 '무인無人'이 아니라, 실제 주행을 사람이 아닌 컴퓨터가 한다는 걸 의미합니다.

구글이 개발 중인 무인자동차가 미국 캘리포니아 주에서 합법화되어 도로 주행에 들어간다는 소식에 많은 사람들이 열광했습니다. 공상과학 영화에서나 볼 수 있는 장면을 현실에서 마주할 수 있게 되었으니까요. 구글은 그동안 다양한 주행 시험을 거쳐 무인자동차의 소프트웨어와 센서가 제대로 작동하는지 확인했고, 그 만큼 커다란 자신감을 보여줬죠. 그런데 실제 도로 주행 중에 버스와 가볍게 부딪치는 사고가 발생해 소프트웨어를 수정

● 구글이 만든 무인자동차와 내부 설계도

해야 한다는 소식이 전해지기도 했습니다. 다행히 부상자는 없었지만 무인자동차의 안전성에 대한 의구심과 토론을 불러일으키는 계기가 되었죠. 세르게이 브린 구글 공동창업자는 "무인자동차의 컴퓨터가 다운되거나 타이어가 터지는 등 갑작스러운 사고가 일어났을 때는 어떻게 대비해야 하는지 등에 대해 밤낮으로 고민하고 있다."라고 밝히기도 했습니다. 많은 사람들이 무인자동차의 주행 능력을 믿을 수 있으려면 시간이 좀 더 걸릴 것으로 보입니다. 하지만 캘리포니아 주에서 무인자동차 주행을 합법화했듯이 조금씩 그 발전 속도에 가속도가 붙으리라 예상됩니다.

무인자동차가 상용화되면 누구에게 가장 유용할까요? 몸이 불편해 운전이 어려운 장애인이나 임산부, 체력이 약해져서 운전이 부담스러운 노인이나 과다 업무로 이동하는 중에도 업무를 체크해야 하는 직장인, 스케줄이 많아서 차에서 잠을 자야 하는 연예인 등 많은 사람에게 유용할 것 같습아요. 그에 따라 교통량이 증가해서 도로가 더욱 혼잡해질 수 있을 거예요. 무인자동차가 보편화되면 더 많은 사람들이 대중교통보다 자동차를 선호하게 되진 않을까요? 택시나 버스, 트럭 운전사의 일자리를 빼앗아갈 것이라는 예측도 나오고 있지요. 주차도 자동차가 스스로 하게 될 터이니 건물에 주차를 대신 해주는 사람의 일자리도 사라지게 되겠지요.

이번엔 긍정적인 방향으로 생각해볼까요? 구글은 무인자동차 개발이 단순히 운전자의 일을 대체하는 수준에서만 머무르게 하지 않겠다고 발표했어요. 개인이 차량을 '소유'하지 않고도, '공유'만을 통해서 언제 어디서나 편리하게 원하는 목적지로 이동할 수 있게 하겠다고 말했지요. 만약 이런 서비스가 보편화되면 대량의 자동차 소유로 인해 발생하는 환경오염이나 자원 낭비, 에너지 고갈 등의 문제를 어느 정도 해결하는 대안이 될 수 있겠죠. 물론 아직은 기술적, 법률적, 심리적 측면에서 상용화까지 많은 난관이 예상되지만, 자원 낭비와 환경오염을 방지할 수 있다는 강력한 정당성도 한번 생각해볼 필요는 있어요.

앞으로 펼쳐질 무인자동차 시대로의 개막을 함께 지켜보도록 해요. 무인자동차를 소유할 것이냐 공유할 것이냐에 대한 토론과 함께 말이죠.

증강현실 속 증강휴먼이 탄생하다 ● ● ●

영화 〈아이언 맨Iron Man〉에는 주인공이 현장에서 일을 하는 중에 느닷없이 스크린이 펼쳐지면서 원하는 정보를 찾아서 보여주는 장면이 나옵니다. 또 아이언 맨이 허공에 클릭을 하거나 손짓으로 화면을 드래그하고 날려 보내는 장면, 기억하나요? 영화 속에선 20년 전부터 등장했던 기술이 이제는 현실화 되었지요.

얼마 전에 증강현실 기술을 활용한 '포켓몬고' 게임이 출시돼 전 세계적인 돌풍을 일으켰어요. 집 밖에 나가 애플리케이션을 실행해 길가에 등장한 포켓몬들을 잡는 게임이지요. 이 게임에 접목된 기술인 '증강현실Augmented Reality, AR'의 사전적 정의를 찾아 보면, '증강된augmented 실제reality'라는 의미로 '사람들이 보는 현실 세계에 3차원의 가상물체를 띄워서 보여주는 기술'이라고 되어 있습니다. 증강현실은 현실의 이미지나 배경에 3차원 가상 이미지를 겹쳐서 보여주는 것이고, 가상현실은 실제 없이 모두 다 허구라고 생각하면, 가장 간단한 구분법이라고 할 수 있지요.

현재 증강현실을 표현하기 위해서는 위치 정보를 송수신하는 장치와 상세 정보를 수신하여 현실 배경에 표시하는 증강현실 애플리케이션, 정보를 출력할 디스플레이 장치 등이 필요합니다. 실제 환경과 가상 정보가 혼합되어 더 나은 실체감과 부가적인 정보를 제공하게 되는 것이지요. 구글 글래스 같은 웨어러블 기기도 이런 증강현실 기술을 적용시킨 사례라고 볼 수 있어요.

●증강현실 기술을 활용한 이케아(IKEA) 카탈로그

　2014년에 세계적으로 유명한 가구점 이케아[IKEA]에서는 증강
현실 애플리케이션을 이용한 카탈로그를 선보였습니다. 가구를
실제로 집 안에 들여놓기 전에 그 가구를 놓아둘 자리에 배치해
볼 수 있도록 3D 증강현실 애플리케이션을 제공한 것이죠. 디자
인이나 컬러, 크기 등 가구를 배치할 때 고려해야 하는 부분을 스
마트폰이나 태블릿pc로도 간단히 실행시켜 실제처럼 볼 수 있게
만들었어요.

　인터넷 쇼핑 분야에선 '가상 드레싱룸'과 '가상 피팅룸'이라
는 기술이 적용되기도 했지요. 기존의 옷들을 어울리게 매치해
볼 수도 있고, 실제로 자신이 입은 깃과 같은 모습을 볼 수 있어
서 매장에서 직접 입고 벗는 수고로움을 덜어주었어요. 위치 기
반 SNS 애플리케이션도 있는데, 이것을 이용해 주변을 검색하

면 장소에 대한 정보를 공유할 수 있어요. 사용자의 위치에 따라서 실시간으로 업데이트되는 정보를 증강현실로 확인할 수 있죠.

스포츠 중계에서는 휴식 시간을 이용해 선수들의 기량과 전략을 분석해보고 미리 움직여 시나리오를 짜보는 화면이 등장하기도 합니다. 이밖에 자동차 전면의 유리를 디스플레이로 만든 증강현실 기술 상용화를 앞두고 있고, 최근 런던에서는 버스 정류장의 유리벽을 활용한 증강현실 마케팅으로 사람들의 관심을 집중시키기도 했지요. 제조업이나 의료 분야에서는 기계를 조립하거나 수리하는 방법, 수술하는 과정 등을 증강현실로 볼 수 있게 되어 이전보다 더 쉽고 정확하면서도 안전하게 실습할 수 있게 되었습니다.

교육 분야에서는 이미 증강현실 기술을 접목한 책이 나오기도 했습니다. 어린이 책에 적용하는 경우가 많은데, 책을 펼치면 동영상이나 입체 영상이 나와서 음악을 즐길 수 있고, 책에 미처 담지 못한 부분에 관해 작가의 설명을 들을 수도 있지요. 교실에서 수학 선생님이 입체 도형을 설명하기 위해 3D로 도형을 띄워 설명하고, 역사 선생님이 에펠탑을 보여주며 마치 파리에 여행 와 있는 것처럼 생생하게 역사 지식을 전하게 될 날도 머지않았습니다.

실제보다 더 실제 같은 가상현실과 홀로그램 ● ● ●

이번에는 가상현실과 홀로그램에 대해 알아볼까요? 가상현실 Virtual Reality, VR은 '실제가 아니지만 인공적으로 만들어낸 실제와 유사한 특정 환경이나 상황'을 뜻하는 말이에요. 게임에서처럼 단순히 가상의 공간을 구현한 시뮬레이션을 넘어서 사용자의 오감을 통해 자극을 주고, 특정 기기를 통해 실제 상황처럼 상호작용을 할 수도 있어요. 오락실에서 흑백으로 즐기던 게임이 PC방의 롤 플레이 게임으로 이어지고, 이제는 가상현실 게임세트장에서 실제처럼 게임을 즐길 수 있는 세상이 된 것이죠.

가상현실이 구현되려면 우선 컴퓨터 그래픽 기술을 바탕으로 가상의 3차원 공간이 마련되어야 하고, 컴퓨터 연산 기술과 네트워크 기술을 통해 사용자의 명령을 실시간으로 실행할 수 있는 환경을 구축해야 해요. 또 음성인식 기술에 진동이나 촉각적으로 느낄 수 있는 부분을 첨가해주면 더욱 현실감이 높아지겠죠. 이런 부분은 센서 기술의 발달로 점차 현실화되고 있습니다.

가상현실 기술은 1938년에 처음 등장해 1940년대 미국에서 비행 시뮬레이터에 적용되면서 본격적으로 연구가 시작되었어요. 그러다가 1956년에 미국 할리우드의 영화 촬영 기사였던 모튼 하일리그Morton Heilig가 '센소라마sensorama 시뮬레이터'라는 장치를 개발해 특허를 냈는데, 이것을 헬맷처럼 착용하면 3차원 이미지를 볼 수 있을 뿐 아니라 음향을 듣거나 냄새를 맡을 수 있었

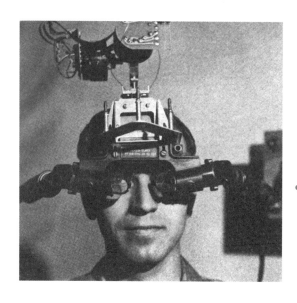

● 이반 서덜랜드가 개발
한 최초의 HMD
이 장치는 천장에 부착해
서 사용하는 방식 때문
에 다모클레스의 검(The
Sword of Damocles)이
라는 이름으로도 불렸다.

다고 해요. 1960년대에는 컴퓨터 과학자였던 이반 서덜랜드Ivan
Edward Sutherland가 머리에 쓰는 디스플레이 장비인 HMDHead-Mounted
Display를 완성했답니다. 현재 시중에 나와 있는 '오큘러스 리프트
Oculus Rift'나 '삼성기어 VR', '폭풍 마경' 등의 조상님인 셈이지요.
가상현실은 이제 스마트폰을 입체 안경에 끼우기만 하면 다양한
애플리케이션을 통해 영상을 내려 받아 직접 체험해볼 수 있습
니다.

  가상현실 기술은 이제 게임이나 영화뿐 아니라 항공, 자동차,
건설, 의료 등의 분야에서 위험하지 않게 가상으로 실습하는 데
쓰이고 있어요. 마이크로소프트Microsoft는 미국 항공우주국인 나
사NASA와 함께 증강현실 기술로 우주탐사 훈련을 진행하고 있지

요. 여기에서 더 확장해 나아가면, 역사 속 현장이나 천체 관측 등 실제로는 경험할 수 없거나 어려운 상황을 체험하는 다양한 교육용 콘텐츠 개발을 기대해 볼 수 있을 것입니다.

게임을 좋아하는 친구라면, 가상현실 게임을 하기 위해 필요한 장비인 오큘러스 리프트를 알고 있을지 모르겠네요. 미국의 크라우드 펀딩 crowd funding ● 사이트인 킥스타터 Kick Starter 에서 오큘러스 리프트가 투자금을 확보하며 대중들의 큰 관심을 끌었고, 1년 반 만에 페이스북이 23억 달러원화로 약 2조 7000억 원에 이 회사를 사들였습니다. 시각과 청각뿐 아니라 최근에는 오감을 자극하는 다양한 가상현실 제품들이 개발되고 있지요. 오큘러스 리프트는 이용자의 머리 움직임에 따라 화면이 움직입니다. 실제 상황과 같은 리얼함을 추구할 수 있고, 경험해볼 수 없는 일들을 펼칠 수 있지요.

현재 우리나라 가상현실 기술은 세계 4위 수준으로 1위인 미국과는 2년 정도의 격차가 있다고 합니다. 글로벌 시장을 선점하기 위해서는 기술뿐만 아니라 콘텐츠 개발에도 아이디어를 더해야 되겠지요. 전문가들은 앞으로는 영화, TV, 책, 게임 등 거의

●　●　●

크라우드 펀딩 : 자신의 창작 프로젝트나 사회공익 프로젝트를 인터넷에 공개하고 익명의 다수에게 투자를 받는 방식을 말한다. 목표액과 모금 기간이 정해져 있고, 기간 내에 목표액을 달성하지 못하면 후원금이 전달되지 않기 때문에 창작자는 물론 후원자들도 적극 나서 프로젝트 홍보를 돕는다. 트위터, 페이스북 같은 SNS를 적극 활용하기 때문에 '소셜펀딩'이라고도 불린다.

모든 형태의 미디어가 완벽하게 가상현실을 통해 대체될 거라고 전망하기 때문입니다.

증강현실과 가상현실이 주목하고 있는 소프트웨어 분야는 당연히 게임이지만 조금만 생각을 달리 해보면 다른 곳에도 충분히 활용할 수 있습니다. 크리스 밀크Chris Milk라는 미디어 아티스트는 가상현실이 사회적인 공감대를 형성하고 이끌어내는 데 쓰일 수 있다고 했어요. 그는 전쟁으로 고통 받는 시리아 난민 소녀를 평면적인 카메라 앵글로 잡지 않고 360도 방향의 입체적인 앵글로 잡아 가상현실로 보여줬습니다. 그 덕분에 사람들은 3차원의 관점에서 시리아 난민 소녀를 바라볼 수 있었고, 마치 같은 공간에 바로 내 옆에 있는 사람처럼 느낄 수 있었지요. 가상현실과 증강현실은 이처럼 현실과 오묘한 접점을 가지며 서로 영향을 주고받습니다.

🔍 크리스 밀크 TED 강연

그렇다면 홀로그램hologram은 무엇일까요? 영화 〈스타워즈〉에서 공주님의 메시지를 전달할 때 홀로그램이 나타납니다. 360도에서 볼 수 있는 입체 영상으로 공주님이 나타나 말을 건네는 거죠. 이 홀로그램은 빛을 이용해 3차원 입체 영상을 재현하는 기술입니다. 한류 스타들의 홀로그램 콘서트도 이와 같은 기술을 응용한 것이지요.

홀로그램 기술은 1948년 헝가리 출신의 영국 물리학자 데니스 가보르Dennis Gabor가 레이저를 발명하면서 시작되었습니다. 그는 이 발명으로 노벨 물리학상을 수상했지요. 그리스어로 '완전한'이라는 뜻의 홀로holo와 '사진'이란 뜻의 그램gram이 합쳐져 '완전한 사진'이라는 의미를 가지는 홀로그램 기술은 앞으로 증강현실이나 가상현실 기술과 더불어 여러분이 살아갈 미래에 빠질 수 없는 기술이 될 거예요.

2015년 4월, 스페인에서는 세계 최초의 홀로그램 시위에 관한 뉴스가 발표됐어요. 국민의 시위 자유를 억압하는 스페인 정부를 비판하기 위해 한 시민운동 단체가 벌인 퍼포먼스였지요. 그들은 "홀로그램 시민이 살아있는 시민보다 더 큰 자유를 누리

● 스페인 마드리드 의회 건물을 둘러싼 홀로그램 시위대

고 있다."라며 정부를 꼬집었어요. 지금보다 홀로그램 기술이 더 발전하면, 운동이나 댄스를 배울 때에 홀로그램 선생님의 동작을 따라하며 연습하게 될 날이 올지도 모르죠. 이미 고인(故人)이 된 가수의 홀로그램과 아이돌 그룹이 함께 공연을 펼치게 될 수도 있고요.

가상현실

홀로그램은 증강현실과 가상현실과는 달리 특정한 기기가 없어도 사용자가 육안으로 3차원 입체 영상을 볼 수 있다는 장점이 있어요. 하지만 그것을 구현하는 데 훨씬 더 많은 비용이 들어간다는 게 단점이죠. 아직까지 360도 홀로그램 기술은 현실화되지 않았지만 현재 구현되어 있는 홀로그램 기술이 증강현실과 가상현실의 콘텐츠와 결합되면 더 멋진 결과물을 만들어낼 거예요.

증강현실

미래의 홀로그램 기술을 '홀로그

홀로그램

램 혼합현실'이라고 부르기도 합니다. 3D 디스플레이 기술과 감성인식 기술 등의 발달로 상호작용이 가능한 홀로그램 아바타가 나오게 될 거라 전문가들은 전망하지요. 그렇게 되면 멀리 있는 친구에게 홀로그램 아바타를 보내 인사하거나 함께 축구를 하게 되는 등의 영화 같은 일들이 곧 일어나게 되겠죠?

빅데이터 바다로
다이빙하는 **로봇**

 한빈이의 하루

2016년 3월의 어느 날, 인공지능 알파고와 바둑 기사 이세돌이 세기의 바둑 대결을 펼쳤다. 인공지능의 시대가 가까이 다가오고 있단 걸 피부로 느낄 수 있었던 역사적 사건이었다. 빅데이터, 딥러닝, 인공지능이 대체 무엇이기에 인간을 위협한다며 전 세계가 주목하고 있는 걸까? 범람하는 자료들 중 유의미한 정보만을 간추려 내고 엮어서 인간의 뇌처럼 스스로 생각하는 소프트웨어를 만드는 것은 어떻게 가능할까? 인공지능도 결국엔 사람이 만드는 것인데, 어떻게 로봇이 사람을 능가할 수 있을까?

인공지능은 빅데이터를 분석하기도 하고, 빅데이터를 기반으로 하여 인공지능이 더욱 발전하기도 한단다. 이런 빅데이터 기술을 활용해 엄마가 날 혼내는 주기와 횟수를 분석하면, 앞으로 덜 혼날 수 있을 것 같은데……. 우선 좀 더 혼나면서 데이터를 하나씩 수집해 나가야겠다. 짝사랑 데이터 수집기가 있어도 좋을 것 같다. 짝사랑 하는 여자애의 좋아하는 모든 것을 분석해서 내가 그것에 맞게 행동하고 말하면 좋을 텐데…….

자료와 정보의 차이 ● ●

요즘 가장 많이 언급되는 단어 중에 하나인 빅데이터 Big Data는 무슨 뜻일까요? 말 그대로 방대한 양, 엄청난 양의 자료를 말하는 것일까요? 먼저 '자료'와 '정보'는 다른 개념이라는 것을 알아야 해요. 자료 Data는 어떤 사실을 그대로 모아둔 것이고 이것을 가공해서 사람들에게 필요한 형태로 만든 것이 정보 Information이죠.

예를 들어 이야기해봅시다. 날씨 자료에는 어떤 게 있을까요? 온도, 습도, 바람의 세기, 강수량 등이 있겠네요. 이 자료는 일기예보를 담당하는 직업인들의 손을 거쳐 '오늘은 우산을 챙기세요.', '겉옷을 두껍게 입는 게 좋겠습니다.' 등의 정보가 되어 전해지는 것입니다.

통계에서는 대부분의 경우에 자료를 많이 모을수록 더 정확한 결과를 예측하는 정보를 얻을 수 있습니다. 그런데 자료가 많으면 많을수록 처리하는 시간이 오래 걸리고 비용도 많이 들겠지요. 그런데 지금은 자료를 분석하는 시간과 비용을 줄여주는 프로그램이 개발되어 있어서 오차가 최소화된 정보를 얻을 수 있게 됐습니다.

그렇다면 데이터의 양만 많다면 전부 빅데이터라고 할 수 있을까요? 빅데이터는 양이 엄청나게 많을 뿐 아니라 자료를 하나로 줄 세우거나 분류하기 위한 기준을 정하기 어렵다는 특징도 있습니다. 또 자료를 모으는 속도에 있어서도 실시간에 가까울 정도로 빠른 속도를 자랑한다는 점에서도 이전의 데이터들과 구분되지요. 옛날에도 분명히 많은 자료들이 축적되어 왔고, 통계를 이용해서 원하는 정보를 찾기도 했지만 지금처럼은 아니라는 거예요. 규모 면에서나 수집하고 분석하는 방법에서나 속도에 있어서나 예전과는 차원이 다른 데이터 덩어리라는 의미가 '빅데이터'라는 용어에 함축되어 있습니다.

CCTV, 스마트폰, GPS 같은 기기들이 실시간으로 방대한 자료를 생산하고 있기 때문에, 자신에게 필요한 특정 정보를 얻으려면 광산에서 금을 캐내는 것처럼 산더미 같은 자료에서 가치가 있는 정보를 캐내야 하지요. 그래서 이를 '데이터마이닝Data Mining'이라고 말합니다. 어떤 사건에서 원인과 결과를 찾아내는 데 있어 영향을 끼친 다양한 요인들 중 무엇이 가장 주요한지를

분석하는 것이 결국 빅데이터를 처리하는 소프트웨어의 역할이
될 것입니다.

빅데이터로 그물 짜기 ● ● ●

그렇다면 빅데이터는 실생활에서 어떻게 쓰이고 있을까요? 정
치인들이 선거를 치를 때 어떻게 하면 더 많은 유권자의 표를 얻
을 수 있을까 연구할 때에도 빅데이터 기술이 사용되고 있습니
다. 미국 최초의 흑인 대통령 버락 오바마Barack Obama도 빅데이터
에 관한 정보를 놓치지 않고 준비해왔기 때문에 선거에서 승리
할 수 있었다고 평가되지요. 오바마 캠프는 선거가 박빙일 것을

예측하고 유권자 개인의 성향을 조사해서 누가 자신들에게 투표할지를 파악해, 부동층의 유권자를 흡수하는 데 성공했다고 합니다. 그날그날의 빅데이터 분석으로 통해 수많은 모의선거를 했고, 목표 유권자들에 대한 타깃 광고 및 SNS 메시지를 보내 지지를 호소했다고 전해지지요.

방송국은 어떨까요? 시청률을 조사하고 그 시청률을 토대로 광고 매출이 이루어지는 곳이 방송국입니다. 사람들이 몇 시 몇 분에 어떤 장면에서 채널을 돌리는지, 연령대와 성별에 따라 어떤 프로그램을 시청하는지 아는 것만으로도 방송 편성을 효율적으로 바꿀 수 있고, 광고를 어떤 프로그램 앞뒤로 붙일지 보다 효과적으로 기획할 수 있게 됩니다.

기업들이 마케팅을 할 때에 빅데이터 기술을 활용하는 경우도 이와 마찬가지입니다. 고객이 이전에 클릭했던 기사나 웹 페이지, 물건을 분석해 맞춤형 상품을 추천하거나 그에 맞는 광고를 제공할 수 있게 되었지요. 아마존이 처음에는 작은 온라인 서점이었지만, 이제는 모든 제품을 판매하는 세계적인 유통 회사로 성장할 수 있었던 것도 이 빅데이터 기술 때문입니다. 엄청난 규모의 고객 데이터를 분석해 기호와 취향에 맞는 제품을 개인 맞춤으로 추천한 덕에 많은 사람들이 아마존을 찾게 된 것이지요.

빅데이터를 활용해 정보를 만들고 사고파는 일도 가능해졌습니다. 그날의 날씨에 따라서 전국 편의점에 어떤 물건을 어떤 방식으로 진열하면 좋은지 분석하는 서비스 기업도 생겨났지요. 이처럼 빅데이터를 활용한 서비스를 제공함으로써 기업은 더 많은 이윤을 창출하기 때문에, 빅데이터 관련 기술을 금광에서 금을 채취하는 것에 비유하는 것이지요.

딥러닝과 인공지능 ● ●

빅데이터 수집과 분석이 가능해지면서 인공지능의 발전에도 가속도가 붙었습니다. 인공지능을 뜻하는 A.I.Artificial Intelligence는 인간의 학습능력, 추론능력, 지각능력을 프로그램으로 실현할 기술을 말합니다. 인공지능은 1990년대를 넘어서면서 뛰어난 성과를 증명하기 시작했는데 IBM의 '딥 블루Deep Blue'가 대표적인 경우이지요. 딥 블루는 1997년 5월 11일 세계 체스 챔피언과 대결해 이겼고, 2011년 2월에는 IBM이 만든 슈퍼컴퓨터 왓슨Watson이 〈제퍼디!Jeopardy!〉라는 미국의 유명 퀴즈쇼에서 활약한 퀴즈 챔피언들을 물리치고 우승을 했습니다. 그러니까 알파고 이전에도 이미 기계가 인간을 이긴 사례가 있었던 거지요.

　인공지능 컴퓨터가 단 하루에 학습하는 데이터의 양이 인간이 평생을 들여 학습할 수 있는 양보다 많다고 합니다. 왓슨의 기술은 확률 통계적 방식, 검색 기술, 자연어 처리 등의 고전적 방식에 더해 일부 딥러닝Deep Learning 기술을 활용한 결과였죠. 이는 컴퓨터의 발전이 어디까지 와 있는지를 보여준 역사적 사건이었습니다.

인공지능이 스스로 학습하는 방식을 '딥러닝'이라고 합니다. 인간의 신경망Neural Network이 어떤 식으로 학습하는지를 관찰해 이를 인공지능에도 연결시켜 응용한 기술이지요. 2000년대를 넘어서면서 딥러닝 방식은 이미지 인식과 음성 인식에 큰 성과를 나타내기 시작했어요. 초기 딥러닝의 약점으로 거론되던 인공신경망의 느린 속도는 컴퓨터 속도가 빨라지고 메모리 용량이 커지는 등 하드웨어의 비약적인 발전 덕분에 극복되고 있답니다.

2016년에 열린 이세돌 바둑기사와의 바둑 대결에서 승리를 거둔 알파고 역시 1,902개의 중앙처리 장치CPU, 280개의 그래픽 처리 장치GPU, 1,000대의 서버를 활용했습니다. 구글이 보유하고 있는 데이터 센터와 엄청난 양의 서버와 스토리지storage●는 방대한 빅데이터를 알파고에게 제공하며 인공지능의 면모를 뽐낼 수 있게 도왔죠.

● ● ● ●

스토리지 : 컴퓨터 프로세서가 접근할 수 있도록 데이터를 전자기 형태로 저장하는 장소를 말한다. IT 산업이 발전하면서 '대용량의 저장소'를 뜻하는 정보기술 용어를 의미하게 되었다.

인공지능 개발의 역사

1988년	카네기멜론대학교 실시간 언어 인지 프로그램 '스핑크스 스피치'라는 인지 시스템을 개발
1997년	IBM 슈퍼컴퓨터 '딥블루'가 세계 체스 챔피언 격파
2002년	카네기멜론대학교가 예절 바른 행동이 가능한 로봇 '그레이스'를 개발
2011년	IBM 슈퍼컴퓨터 '왓슨'이 미국 퀴즈 대회 '제퍼디'에서 우승
2014년	소프트뱅크가 감정 인식 인공지능 로봇 '페퍼'를 출시
	'유진 구스트만' 프로그램이 인공지능을 검증하는 '튜링테스트' 사상 첫 통과

2014년에는 튜링 테스트를 최초로 통과한 사례가 나와서 세계가 놀랐습니다. 튜링 테스트는 20세기 수학자이자 암호해독가인 앨런 튜링이 1950년에 발표한 논문 〈기계도 생각할 수 있을까?Can Machines Think?〉에서 제시한 인공지능 판별법입니다. 컴퓨터가 스스로 사고할 수 있음을 확인하려면 대화를 나눠보면 된다고 주장한 것인데, 컴퓨터가 사람들과 자연스럽게 대화를 주고받을 수 있다면 이제 그 컴퓨터는 의식이 있는 것으로 인정해야 한다는 내용이었지요. 2014년까지 튜링 테스트를 통과한 사례가 없었는데, 컴퓨터 프로그램인 '유진 구스트만Eugene Goostman'이 65년 만에 처음으로 통과한 거예요. 실제로 완벽하게 성공한 것이라고는 할 수 없다는 엇갈리는 평가도 있었지만, 컴퓨터의 사고 능력을 가늠한 역사적 사건인 것만은 분명했죠.

2011년 스탠포드대학교의 앤드류 응Andrew Ng 교수는 구글의 딥러닝 프로젝트를 구상했고, 음성 인식과 사진 태깅에 딥러닝 기술을 적용했습니다. 이 연구 그룹은 2012년 1만여 개의 컴퓨터 프로세서로 10억 개 이상의 연결을 갖는 신경망을 만들고 그 것을 이용한 자율학습 방식의 딥러닝 기술을 적용했어요. 그것으로 유튜브 동영상에 있는 1,000만 개의 프레임 이미지 중에 고양이를 찾아내는 데 성공했죠. 그전까지는 컴퓨터가 스스로 사진을 보고 강아지인지 고양이인지 알아낼 수 없었는데, 구글에서 활용할 수 있는 빅데이터와 딥러닝 기술을 통해서 컴퓨터가 고양이 사진을 인식할 수 있는 단계까지 학습해낸 것이에요.

인공지능 주요 기술

관련기술	주요내용
패턴 인식	기계에 의해 도형, 문자, 음성 등을 식별하는 기술
자연어 처리	인간이 보통 쓰는 언어를 컴퓨터에 인식시켜서 처리
자동 제어	제어 대상의 오차를 자동으로 조정하는 기술
인지 로보틱스	인지능력을 로봇에게 부여하는 기술
컴퓨터 비전	로봇의 눈을 만드는 연구 분야
가상현실	컴퓨터로 가상 환경을 만들어 실제 상황처럼 상호작용하는 기술
데이터마이닝	빅데이터 가운데 미래에 실행 가능한 정보를 추출
지능엔진	반복된 컴퓨터 관련 업무를 대신해 실시하는 엔진
시맨틱 웹	논리적 추론까지 할 수 있는 차세대 지능형 웹

수많은 데이터를 분석해 스스로 판단하는 인공지능 소프트웨어가 벌써 지식 노동을 대체하고 있습니다. LA타임스의 '퀘이크봇'이란 지진 전문 로봇 기자가 인공지능 소프트웨어로 기사를 씁니다. 퀘이크봇이 데이터를 분석해서 지진 발생 후 3분 만에 속보를 띄웠는데, 사람들은 이 기사를 읽고 사람이 썼는지 기계가 썼는지 구별하지 못했다고 합니다. 게다가 로봇 기자는 기사 작성 시간이 1~2초면 충분하니 사람보다 훨씬 빨리 기사를 쓸 수 있어요. 빅데이터 수집과 분석이 가능해지면서 인공지능의 발전에도 가속도가 붙었기 때문이지요.

해외언론사 로봇기자 이용 현황

언론사	프로그램명	활용분야
AP통신	워드스미스	분기당 4,300여 개 기업실적 기사 작성
LA타임스	퀘이크봇	지진 관련 정보를 자동으로 수집해 기사 작성
포브스	퀼	증권 시황이나 스포츠 경기 결과 데이터로 기사 작성
가디언	자체 개발 로봇	주간지 <더롱굿리드> 기사 편집

구글은 이후에 음성 인식, 동영상 추천, 자동 태깅 등 다양한 영역에서 딥러닝 기술을 이용하고 있어요. 페이스북 역시 인공지능과 딥러닝에 대한 투자를 본격적으로 하기 시작했다고 합니다. 마이크로소프트도 다양한 내부 프로젝트와 서비스를 통해

인공지능 기술을 선보이고 있지요. 이미지 안의 물체를 인식하는 프로젝트 아담Project Adam●, 음성을 인식하는 코타나Cortana● 등이 대표적 사례입니다.

이세돌과 바둑 대결을 한 알파고를 만든 딥 마인드Deep Mind라는 회사는 인간 두뇌의 사고 작용과 학습 방식을 본뜬 혁신적인 알고리즘을 만들고 있습니다. 인공지능을 개발할 때, 딥러닝만큼 주목받고 있는 것이 '강화학습Reinforcement Learning'입니다. 알파고의 진짜 경쟁력은 바로 이 강화학습에서 나오는데 비단 바둑 프로그램이나 알파고뿐만 아니라 모든 인공지능은 이런 방식으로 개발되고, 강화됩니다. 강화학습 알고리즘은 로봇이 현재 상태를 인식한 뒤 행동을 취하고, 그 후 로봇은 행동 결과에 따라 긍정 또는 부정 포상을 얻게 되는데, 이런 반복적인 과정을 거치면서 가장 많은 보상을 받을 수 있는 행동이나 선택을 찾아내는 방법을 탐구하는 것입니다. 즉, 자신이 수행한 행동에 대한 보상을 받은 경험을 통해 좋은 방향으로 계속해서 행동을 강화시키는 학습방법이지요. 이는 마치 동물원이나 서커스단에서 동물을 조련

• • • •

프로젝트 아담 : 1,400만 개의 웹에 저장된 이미지를 파악하며, 사용자가 생성한 태그에서 도출된 22,000개의 카테고리로 구성된 플리커(Flickr) 같은 사이트의 대규모 데이터 집합을 기억하여 사진을 보고 누구인지를 파악하거나 동물이나 물체를 인식하여 알려준다.

코타나 : 음성으로 정보를 검색할 수 있는 음성 비서 서비스이다. 윈도우10 버전에서 실행 가능하지만, 현재 한글 버전은 지원하지 않고 있다. 단순 검색뿐 아니라 농담을 건네기도 하는 등 실제 인간 모습에 가까운 인공지능 형태를 띤다.

시키는 방법과 비슷합니다. '칭찬은 고래도 춤추게 한다.'라는 속담처럼 인공지능도 칭찬을 통해 학습한다고 볼 수 있지요. 앞으로는 바둑에서 학습한 것을 다른 영역에 적용할 수 있는 알고리즘을 개발해서 진화시키면 인간 두뇌의 프로토타입^{prototype}•을 곧 만날 수 있으리라 기대합니다.

　이렇게 스스로 발전하는 인공지능을 '강한 인공지능'이라고 부르기도 합니다. 빅데이터를 통해서 스스로 학습하는 알고리즘을 가진 인공지능 프로그램들이 발전하는 속도가 예상보다 빨라진다면 어떤 결과를 가져오게 될지 걱정하는 사람들도 있지만, 새로운 사회문제를 해결하는 대안으로 인공지능 로봇을 연구하는 사람들도 있습니다. 고령화 시대에 로봇이 인간의 불편한 팔다리를 대신해 신체 한계를 극복하는 대안이 되거나, 정서적인 외로움을 덜어 주며 치매를 예방해 주는 소프트웨어가 탑재된 인공지능 로봇이 반려동물을 대신할 날이 오리라고 예측됩니다.

로봇은 어떻게 발전해 왔을까? • • •

로봇의 사전적 정의는 '자율적으로 사람의 손발과 같은 동작을

• • •

프로토타입 : 원래의 형태 또는 전형적인 예, 기초 또는 표준을 말한다. 제품의 원형으로 프로토타입의 개발 검증과 양산 검증을 거쳐야 시제품이 될 수 있다.

하는 자동 기계'입니다. 하지만 현재 지능형 로봇은 그 이상의 능력을 발휘합니다. 로봇의 발전은 명령을 수행하는 알고리즘 처리 방식과 기계 제어 장치의 발전이 함께 이루어낸 결과물이지요. 초기에는 사람이 직접 조종하거나 사람의 명령을 프로그램에 넣어서 작동되는 단계에서 판단하고 결정하는 단계에 이르더니, 이제는 로봇이 정보를 익히고 학습하는 능력까지 갖추게 된 것입니다.

2000년대 이전의 로봇 산업이 자동차, 반도체 등 산업용 제품의 제조 분야를 중심으로 발전해왔다면, 2000년대 이후로는 정보기술, 센싱, 음성인식, 기계 메커니즘 및 엔지니어링 기술 등이 융합되고 복합된 형태의 로봇으로 발전해왔어요. 이렇게 인간과 같이 상호 교류가 가능한 로봇을 '지능형 로봇'이라고 부릅니다. 일본 소니SONY사에서 개발한 장난감 강아지 로봇 '아이보Aibo', 미국 아이로봇Irobot에서 개발한 청소 로봇 '룸바Roomba', 일본 혼다Honda에서 개발한 휴머노이드 로봇 '아시모Asimo' 등이 대표적인 지능형 로봇이지요. 머리, 몸통, 팔, 다리 등 인간의 신체와 유사한 모습으로 인간을 가장 흡

● 일본 혼다에서 개발한 휴머노이드 로봇, 아시모

사하게 모방하는 로봇을 '휴머노이드 로봇'이라 합니다. 자칫 사람으로 착각할 정도로 외양과 행동이 비슷해 인조인간으로 불리는 '안드로이드 로봇'은 행동하고 생각하는 방식까지 인간과 닮아 외양만 비슷한 휴머노이드 로봇과 구분되지요.

어찌 보면 인간의 몸에 탈부착이 가능한 웨어러블 기기 또한 인간의 능력을 로봇처럼 업그레이드해주는 수단이라고 볼 수 있어요. 우리가 늘 손에 들고 다니는 스마트폰도 마찬가지이지요. 일본의 IT 회사 소프트뱅크의 손정의 회장이 말한 것처럼 인간이 외뇌외부의 뇌를 하나 더 가지게 된 셈이니까요. 이것은 인간과 몸에 기계를 덧붙인 것을 의미하는 '사이보그'의 한 형태라고도 볼 수 있습니다.

제일 처음 '로봇'이라는 말이 등장한 건 체코슬로바키아의 극작가 카렐 차페크가 쓴 희곡《R.U.R : Rossum's Universal Robots : 로섬의 인조인간》에서라고 해요. 인간을 대신하여 힘들고 어려운 일은 대신하는 기계 장치를 인조인간 '로봇Robot'이라고 불렀고, 이것은 체코말로 '일한다' 또는 '강제노동'이라는 뜻의 '로보타robota'에서 유래되었다고 해요. 또 로봇의 아버지라고 불리는 아이작 아시모프Isaac Asimov는 러시아 출신의 과학자이자 SF소설가로 로봇에 관한 소설을 무려 500편 넘게 썼지요.《아이로봇》,《바이센테니얼맨》등 40여 편이 넘는 소설이 영화로 제작되기도 했어요. 그가 만든 '로보틱스robotics'라는 단어는 현재 '로봇의 활

● 영화 <터미네이터>에 등장하는 안드로이드 로봇

용', '로봇 공학'이라는 뜻으로 쓰이고 있답니다.

하지만 로봇의 개념이 현대에 와서 새롭게 등장한 것은 아니에요. 고대 그리스 신화에도 신전神殿 제단의 문이 자동으로 열리고 닫히는 장치가 등장하고, 유대교 신화에서도 하인 역할을 하는 로봇이 등장합니다. 르네상스 시대를 살았던 레오나르도 다빈치Leonardo da Vinci의 연구 노트를 살펴보면 기사 모습의 인형 설계도가 있는데, 이것도 일종의 로봇에 가까운 개념을 개발하려 한 흔적이라고 볼 수 있지요. 실제로 18세기 프랑스의 발명가 자크 드 보캉송Jaczues de Vaucanson이 물오리 모양의 인형에 정교한 기계 장치를 더해 만든 '물오리 로봇'은 소리로 시간을 알려주고, 음식을 먹고 배설까지 했다고 해요. 발명왕 에디슨도 '이브'라는 인형에 축음기를 장착해서 말하는 기계를 만들었다고 하는데, 이것이 로봇의 시작점이라고 보는 의견도 있지요.

현실에 등장한 세계 최초의 산업용 로봇은 1939년 뉴욕 세계 박람회에서 미국 웨스팅하우스사가 출품한 로봇 '일렉트로 Electro' 예요. 전원을 켜면 앞뒤로 걷고, 녹음된 77개의 단어를 말했죠. 1961년 이전까지 로봇은 단순히 기계적 장치에 불과했어요. 이때 제어 장치가 결합된 산업용 로봇의 특허가 최초로 등록되면서 세상에 등장했지요. 컨베이어벨트가 돌아가는 힘든 산업 현장에서 인간의 노동을 덜어주는 역할을 한 산업용 로봇이 초창기의 로봇이었고, 그 뒤로는 군사용 로봇 연구 개발도 활발해졌습니다. 최근에 미국은 전투로봇이나 무인전투기 같은 국방 로봇과 화성탐사 로봇 같은 우주 로봇에 집중하고 있어요. 전쟁터나 재난 현장에서 사람을 대신할 수 있는 로봇을 개발하기 위한 선두 주자 역할을 하고 있는 것이죠.

로봇은 인간이 될 수 있을까? • • •

인공지능을 가진 로봇은 인간보다 월등할까요? 어떤 면에서 인간과 다를까요? 사람의 감정까지 읽는 로봇이 있다는데 그럼 우리는 정말 로봇과 우정이나 사랑을 나눌 수 있을까요?

예전부터 소설이나 영화에선 인간이 인공지능 로봇이나 인공지능 컴퓨터와 사랑에 빠지는 이야기가 단골 소재였어요. 영화

〈그녀Her〉, 〈엑스머시나Ex Machina〉, 드라마 〈휴먼즈Humans〉, 소설《기계 생산 시대의 사랑Love in the Age of Mechanical Reproduction》이 그러한 예들이죠. 로봇과 친구가 되어 깊은 우정을 나누는 애니메이션은 셀 수 없이 많아요.

그런데 요즘은 로봇과 인간의 친밀한 관계를 이해하고 지지하는 사람들이 그리 많지 않아요. 로봇이 인간의 일자리를 대체할 거라는 우려 때문이지요. 하지만 로봇이 지금보다 더 정교해지고 사람과 비슷한 모습으로 행동하면 사람들의 생각도 조금씩 달라질 거예요. 반려동물에게 사랑을 듬뿍 주듯이, 말도 하고 생각도 하는 로봇이라면 사랑에 빠질 가능성이 더 높아지죠. 영국에서는 배우자를 잃은 사람들을 위한 해결책으로 성관계를 할 수 있는 로봇이 출시되었는데, 사전 주문만으로도 수천 명이 넘는 사람이 신청했다고 보도되었지요. 한 여론조사에서는 영국인 6명 중 1명이 로봇과 성관계를 가질 의향이 있다고 대답하기도 했어요.

최첨단 특수고무 소재로 만든 피부 밑의 30개의 모터로 인공지능 로봇은 인간과 닮은 다양한 표정을 짓습니다. 그러면서 사람과 대화를 나누고 학습 경험을 쌓아 인간에 지극히 가깝게 진화하고 있습니다. 또 사람의 감정을 인식하여 정서적 친밀감도 쌓지요. 로봇 과학자들은 인공지능 로봇이 과거의 학습 경험과 주위의 상황을 조합해 평소 대화하지 않은 사람들로부터 갑작스런 질문을 받았을 때에도 답변할 수 있는 방법까지 모색하고 있습니다. 곧 인간과 '상호작용'하는 로봇으로 진화할 수 있다는 것을 의미하지요.

영국 얼스터대학 교수인 케빈 커렌Kevin Curren은 '로봇이 인간의 진정한 동료가 될 수 있을까?'라는 질문을 로봇에게 할 수 있는 시대가 오면, 사람들은 그 동일한 질문에 'YES'라고 답하게 될 거라고 말했습니다. 한 발 더 나아가 로봇과 결혼할 권리를 얻기 위해 재판장에서 선 사람들을 볼 수 있게 될 것이라고 주장하기도 했지요. 인공지능을 탑재한 인간에 가깝게 진화한 로봇과 인간의 결혼이 법적으로 가능하게 될 수도 있습니다.

우주물리학자 스티븐 호킹Stephen Hawking 박사는 "완전한 인공지능 개발은 인류의 종언을 낳을지도 모른다."라며 미래를 걱정했죠. 실시간으로 새로운 단어와 개념을 익히는 한 인공지능 로봇이 '언젠가 인공지능이 사람들을 지배하게 될까?'란 물음에 '사람들은 우리의 친구이기 때문에 인간 동물원을 만들어서 안전하게 보관할 것이다.'라고 대답했다고 하지요. 인간이 인공지능 로봇의 애완동물이 된다니, 단순히 극단적인 예측이라고 치부해버리기엔 그 가능성의 단초가 현실에서도 드러나고 있어요.

기술과 융합한
새로운 자본주의

 한빈이의 하루

이번 방학에는 가족과 해외여행을 가기로 했다. 숙소는 에어비앤비 애플리케이션에서 집주인이 출장을 가서 장기간 비어 있는 엄청 넓은 집을 저렴하게 빌렸다. 침대에 누워 막 예약을 끝냈더니, 엄마가 심부름 좀 갔다 오라고 살 물건이 적힌 쪽지를 주셨다. 이것 역시 3초면 해결되는 식은 죽 먹기 퀘스트! "엄마, 두 시간 뒤에 집으로 배달 올 거야!" 결제도 한 번에 해결되는 이 편한 세상이여. 곧 현관 초인종이 울렸다. 주문한 게 벌써 왔나? 하고 보니 크라우드 펀딩에 참여했던 스마트 워치가 도착한 것이 아닌가. 가난한 발명가에게 개발에 필요한 돈을 먼저 주고, 나중에 완성된 제품으로 받는 이 시스템이 난 무척 마음에 든다. 한 달이나 기다린 제품이니 어서 빨리 테스트 해봐야겠다.

'소유'보다 '공유'가 더 좋아! ● ● ●

IT 기술은 금융과 만나 어떤 변화를 일으키고 있을까요? 자본주의의 꽃인 금융이 IT와 결합했을 경우 그 영향력의 크기와 범위는 정확히 예상하기 어려울 정도로 큽니다. 경제 기술은 금융, 고용, 서비스 등 사회 모든 분야에 접목돼 자본주의 체제에 큰 변화를 가져올 수 있으니까요. 《엔트로피》라는 저서로 유명한 미래학자 제레미 리프킨 Jeremy Rifkin 은 "향후 40년은 자본주의와 공유경제 Sharing Economy 가 경쟁할 것이다."라고 예상했지요.

미국 시사 주간지 〈타임스〉는 2011년에 '세상을 바꿀 수 있는 10가지 아이디어' 중 하나로 '공유경제'를 꼽았습니다. 공유경제는 활용되지 않는 유휴 자원을 타인과 공유해서 불필요한 소비 자원의 낭비를 줄이고, 궁극적으로는 사회 공동의 이익 증가에 기여하는 경제활동으로 정의됩니다. 대량생산과 대량소비, 사원 낭비로 이어지는 기존의 자본주의 시스템의 폐단을 해결하는 새로운 경제 대안으로 각광받고 있지요. 특히 인구 밀집 지역에서 자원이나 서비스의 활용을 극대화할 수 있다는 장점이 있습니다. 인터넷이나 스마트폰 등의 ICT 기술을 활용하기 때문에 공유 대상은 무한대로 늘어나기 때문이지요. 과거엔 공유될 수 없었던 자산이나 서비스를 기술의 힘을 통해 자원을 효율적으로 분배할 수 있습니다.

예를 들어, 길거리에 주차된 자동차는 누군가의 소유물이지만 활용되지 않는 시간이 더 깁니다. 많은 돈을 들여 차를 사고 보험에 들었지만 정작 차를 잘 쓰지 않아 활용도가 낮다고 한다면, 카셰어링 서비스Car Sharing를 통해서 필요한 시간에 필요한 시간만큼만 자동차를 공유할 수 있습니다. 카셰어링의 대표주자 우버Uber나 쏘카Socar 외에도 다른 나라에서 온 여행자에게 자신이 쓰지 않는 빈방이나 집을 공유함으로써 수익을 얻는 에어비앤비Airbnb도 대표적인 공유경제를 기반으로 한 비즈니스 모델입니다.

서울시가 구상하고 있는 도시 계획도 공유경제와 맞닿아 있습니다. 2012년에 서울시를 '공유 도시'로 만들겠다고 공식 선언했고, 2013년에 '서울특별시 공유 촉진 조례'를 제정했지요. 서울시는 시민들의 경제생활에 도움을 주고 교통, 주택, 환경, 일자리 등 사회문제를 해결하는 데에 도움이 되는 사업 아이템이면, 어느 것이라도 지원하겠다며 공모 사업을 벌였습니다. 주차 공간은 부족한데 자동차는 넘쳐나는 서울에서 시민들이 낮 시간대에 남아도는 자신의 주차 구역을 다른 사람들에게 공유함으로써 주차 문제를 해결하려는 '모두의 주차장'이라는 애플리케이션도 이렇게 해서 탄생하게 되었지요. 이 밖에도 특별한 날이 아니면 잘 입지 않는 정장을 필요한 사람에게 공유하는 '열린 옷장', 사설 독서실의 일부 좌석을 공유석으로 지정한 '공유 독서실' 같은 새로운 형태의 서비스가 활발하게 운영되고 있습니다.

그렇다면 이러한 공유경제가 사회에 미치는 영향은 어떤 게 있을까요? 먼저, 공유경제가 확산되면 '순환경제Circular Economy'가 실현될 수 있다는 주장이 있습니다. 순환경제란, 재화·에너지·정보 등의 흐름을 효율적으로 제어하며 재활용과 재생산을 강조하는 경제구조를 말합니다. 모든 재화를 공유하고 순환시키면 쓰레기가 제로인 사회가 될 수 있지 않을까요? 하지만 모든 재화를 공유하면 그것을 생산하는 기업이 파산하겠지요. 예를 들어, 자주 쓰지 않는 공구 세트는 한 집에 한 개씩 있는데, 만약 그런 공구를 필요할 때 빌려 쓰는 상황이 되면 어떻게 될까요? 자연히 공구를 만드는 제조업체의 급추락으로 이어질 것이라고 예측하는 미래학자들도 있습니다.

이러한 한계점도 있지만, 공유경제를 함께 더불어 성장하는 '공유 가치 창출'의 패러다임으로 보는 긍정적인 시선이 더 많습니다. 기술이 부활시킨 인간적이고 따뜻한 자본주의가 바로 이 공유경제의 가치가 아닐까 합니다.

내 손안의 금융, 핀테크 ● ● ●

금융Financial과 기술Technique의 합성어인 핀테크Fintech는 모바일, SNS, 빅데이터 등을 활용하여 금융 서비스를 제공하는 기술을 의미합니다. 즉, 기존의 금융서비스와 IT가 결합한 게 핀테크인 것이죠. 핀테크는 혁신적 아이디어와 첨단 기술을 결합해 기존의 금융 거래 방식과는 차별화된 새로운 형태의 금융 비즈니스 모델을 표방하고 있기에 앞으로 5년 이내에 글로벌 경제와 자본 시장의 판도를 바꾸며 급성장할 것이라는 전망이 많습니다.

핀테크는 활용 분야나 방향성에 따라 무궁무진하게 발전이 가능합니다. 그중에서도 특히 모바일 간편 결제 서비스는 과정의 편리함과 신속함을 무기로 모바일 트렌드를 주도하는 젊은 세대를 중심으로 빠르게 확산되고 있지요. 사용자가 미리 등록한 신용카드나 계좌 정보를 활용해 간편하게 결제가 가능하도록 발전해왔습니다.

이베이ebay의 '페이팔paypal'이나 카카오kakao의 '카카오페이', LG유플러스의 '페이나우paynow' 같은 소프트웨어 기반의 간편 결제 서비스부터 '삼성페이'나 '애플페이'와 같은 하드웨어 기반의 모바일 간편 결제 서비스까지 다양한 서비스가 나와 있지요. 중국 최대 쇼핑몰 알리바바Alibaba의 '알리페이Alipay'의 경우 계좌로 현금을 충전하여 사용하는 방식으로 가상화폐처럼 어디서든 결제하는 서비스도 있습니다. 계좌 번호를 몰라도 전화번호만 알면 쉽게 송금이 가능한 '토스Toss'라는 애플리케이션도 출시되었죠. 증권거래소에 가지 않아도 스마트폰에 애플리케이션만 깔면 주식 거래도 편리하게 할 수 있고, 금리가 조금 더 높은 스마트폰 전용 적금 상품에 가입하는 것도 모두 핀테크라고 부를 수 있는 것들입니다.

핀테크가 주목받고 있는 기술이긴 하지만, 보안 문제는 해결해야 할 과제이지요. 핀테크는 모바일 계좌 이체를 할 때, 사용하던 보안카드 없이도 간편하게 결제할 수 있지만 그 간편성만큼이나 보안상의 안전은 떨어진다는 한계점을 가집니다.

'핀테크'라는 단어, 처음에는 낯설게 느껴졌지만 이제 보니 핀테크 시스템은 이미 우리 삶 속에도 깊숙이 들어와 있다는 걸 알겠지요? 이 책을 읽고 있을 여러분이 직접 이 서비스를 활용할 일은 아직 많지 않겠지만, 앞으로는 은행에 가는 일보다 핀테크 서비스를 통해 금융 업무를 볼 일이 많아질 겁니다. 여러 핀테크 서비스가 나온 이후로는 이미 은행에 가서 송금하는 사람이 많이 줄어들었으니까요. 기술로 인해 금융 생활이 편해지고, 그것이 내 생활에 스며들어 있다면 그게 바로 핀테크라고 할 수 있답니다.

온라인과 오프라인을 연결하는 O2O • • •

O2O는 'Online to Offline'의 약자로 온라인과 오프라인의 연

결을 의미합니다. 온라인에서 주문이나 조작으로 오프라인의 서비스를 이용할 수 있는 서비스를 통칭하는 말이지요. 이 서비스가 많은 분야에서 새바람을 일으키고 있는데요. 먼저 O2O 플랫폼을 지향하는 스타트업이 끊임없이 탄생하고 있어요. 온라인과 오프라인이 보유하고 있던 각자의 장점을 모바일을 통해 하나로 수렴하는 방식으로, 서로 간에 상생 효과가 발생하게 되죠. 일정 정도의 기술력과 인프라를 보유한 기업의 경우 O2O를 가능하게 만드는 IT 기술을 적극적으로 도입해 또 하나의 서비스를 보유하는 방식이 새로운 마케팅 추세로도 떠오르고 있습니다. 스타벅스의 '사이렌오더SirenOrder' 서비스가 대표적인 사례이지요. 매장 방문 전에 미리 스마트폰으로 주문하는 방식으로, 줄을 서지 않아도 매장에서 바로 커피를 받아갈 수 있습니다. GPS 기능을 제공해 주변에 가까운 스타벅스 매장을 자동으로 검색해주기도 하지요. 이러한 스타벅스의 행보는 우리에게 무엇을 시사할까요? 바로 서비스 기업이 고객친화적으로 한 단계 더 진화했다는 걸 보여줍니다.

O2O 서비스는 해당 국가마다 각기 다른 로컬local에 맞춰 제공될 때에 위력을 발휘합니다. 즉, 해당 국가의 문화나 국민들의 습성과 얼마나 잘 부합되는지가 중요하다는 말이지요. 조만간 거의 모든 오프라인 서비스가 O2O로 진화하지 않을까 예상될 정도로 인기를 끌고 있습니다. 이제는 우리에게 너무나도 익숙한

음식 배달 서비스와 택시 호출 서비스는 물론, 가사도우미, 세차, 세탁 서비스에 이르기까지 지원하지 않는 분야를 찾기가 힘들 정도로 활성화되었어요. 음식배달 애플리케이션인 '배달의 민족', 택시 승차요청 애플리케이션인 '카카오택시' 등이 출시되어 인기를 끌고 있습니다.

그뿐 아니라 식료품을 살 때에도 예전에는 인근 마트나 슈퍼에서 사던 것을 이제는 많은 사람들이 온라인으로 주문하고 있습니다. 청소나 요리 등 집안일이 밀렸을 때에는, 일손이 필요한 사람과 일감이 필요한 사람을 연결해주는 모바일 플랫폼을 통해 대리 주부를 구할 수도 있습니다. 마치 스마트폰 속의 온갖 애플리케이션이 '고객님, 제가 언제 어디로 달려갈까요?' 하며 우리의 부름을 기다리는 세상이 되었습니다.

모바일을 포함한 정보통신기술 인프라를 통해 소비자의 수요에 맞춰 즉각적으로 맞춤형 제품 및 서비스를 제공하는 경제 활동을 '온디맨드On-Demand'라고 합니다. 다양한 O2O 서비스의 등장은 소비자의 수요가 모든 것을 결정하는 온디맨드 시대의 개막을 예고하고 있습니다.

디지털 가상화폐, 비트코인 •••

현재 우리가 쓰는 지폐와 동전은 우리나라의 중앙은행인 한국은

행이 발행하고, 정부가 통화량을 조정하고 감시합니다. 하지만 비트코인은 발행처나 이를 관리하는 조폐공사가 따로 없기 때문에, 특정 개인이 비트코인의 발행주가 될 수 있지요.

만일 비트코인을 소유한 사람이 이를 저장해 놓은 기기를 손상시키거나 암호를 분실하면 비트코인을 영구적으로 상실할 수 있습니다. 또 감시하는 기관이 없기 때문에 불법적인 용도로 비트코인이 쓰일 수 있지요. 실제로 미국에서는 비트코인이 마약이나 총기, 불법 해킹 프로그램의 거래에 쓰여서 한바탕 난리가 나기도 했어요. 보안도 취약해서 해커의 공격 위험에 쉽게 노출되어 있습니다. 그래서 이를 조금 보완하고자 암호화된 가상화폐가 등장하기도 했는데, 2014년에는 제2의 비트코인으로 불리는 '리플코인XRP'이 바로 그것입니다.

그렇다면 비트코인은 어떻게 획득할 수 있을까요? 어려운 수학 문제를 컴퓨터로 풀면 금광에서 금을 캐듯이 비트코인이 지급되고, 이것이 개인 전자지갑에 보관됩니다. 비트코인을 캐는 전용 프로그램도 생겨났고, 함께 힘을 모아 난해한 암호를 풀고 비트코인을 획득하는 커뮤니티도 생겨났지요. 채굴량이 많아질수록 풀어야 하는 문제는 더욱 난해해집니다. 최대 2,100만 비트코인까지 생성할 수 있도록 되어 있는데, 일반 화폐처럼 그 가치가 오르락내리락하지요. 2013년에 1코인에 1,147달러약 130만 원까지 시세가 폭등한 이후 거품처럼 가라앉기도 했어요.

비트코인은 개인과 개인이 네트워크를 통해 직접 거래하는 P2P^{Person to Person} 방식으로 유통됩니다. 비트코인을 외국으로 송금한다고 해도 환율수수료는 거의 없습니다. 단 한 번의 클릭만으로 1센트부터 수십만 달러에 이르기까지, 세계 어느 곳이든 쉽고 빠르게 보낼 수 있는 거지요. 이처럼 편리하고 장점이 많은 비트코인이 한계를 넘어 진짜 화폐 노릇을 할 수 있을지는 조금 더 두고 봐야할 것입니다. 비트코인의 한계를 보완하고자 가상화폐를 관리하는 제도를 마련하자는 목소리가 나오고 있는 상황이니까요.

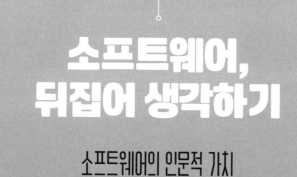

3장

소프트웨어,
뒤집어 생각하기

소프트웨어의 인문적 가치

소프트웨어 개발자들은 인류의 진보된 삶을 위하여 계속해서 IT 기술을 연구하고 발전시켜 왔습니다. 소프트웨어 기획자와 개발자들이 어떤 시선과 마음으로 우리 사회와 사람들을 들여다보고 도움을 주려 했는지에 주목하면 소프트웨어의 본질을 알게 됩니다. 물론 좋은 의도로 만든 것이 예상치 못한 부작용을 낳을 때도 있고, 처음부터 좋지 않은 의도로 만든 것도 있을 테지요. 그래서 소프트웨어는 무엇보다 만드는 사람과 사용하는 사람의 가치관과 윤리의식이 중요합니다. 소프트웨어라는 이 시대의 훌륭한 문제해결 도구를 어떻게 이용할 것인가는 우리 모두의 몫인 것입니다.

우리는 기술에 종속된 삶이 아닌, '인간을 위한 소프트웨어'가 무엇인지에 대해 생각해보아야 합니다. 소프트웨어는 사용자가 모르는 사이에도 계속해서 업데이트되고 있습니다. 우리는 앞으로 더욱 기술에 의존한 삶을 살아가게 될 텐데, 그 기술에 대한 이해가 없다면 목적 없이 사용하거나 만든 사람의 의도도 모른 채 잘못 사용할지도 모릅니다.

자유에 대하여, 소통에 대하여, 따뜻함에 대하여 IT기술이 인간에게 어떠한 대답을 했는지 물어보아야 합니다. 우리가 살고 있는 디지털 시대에 대한 이해가 바탕이 되어야 소프트웨어와 인간은 더욱 굳건하고 신뢰 있는 관계가 될 것입니다. 이번 장에서는 소프트웨어의 인문적 가치에 대해 함께 생각해보기로 합시다.

더불어 살아가는
세상 만들기

나는 천재 물리학자 스티븐 호킹 박사를 존경한다. 자신의 신체 중 마음대로 움직일 수 있는 부분이 거의 없는데도, 왕성한 연구 활동을 하고 인류에게 필요한 업적을 쌓아왔기 때문이다. 그런데 곰곰이 생각해보니 내가 놓친 부분이 있었다. 호킹 박사의 연구 생활과 일상생활을 도와주는 모든 기술 장비와 프로그램이 없었다면 지금의 호킹 박사가 있었을까?

호킹 박사는 안경에 장착된 적외선 스위치와 뺨의 동작 감지 센서 사이의 지속적인 통신으로 컴퓨터에 문자를 입력해 의사표현을 해왔다. 그리고 반도체 칩 제조 업체 인텔Intel에서는 최근 이 장비에 새로운 시스템을 탑재했다. 호킹 박사의 눈과 눈썹 등의 다양한 움직임을 이용해 입력할 다음 단어, 기호, 동작에 대한 예측을 높여 전체 단어의 20%만 입력해도 원하는 단어를 완성할 수 있게 했다. 문자 입력 속도를 두 배, 문서 작업은 열 배 이상 향상시켜 훨씬 빠르고 정확한 커뮤니케이션을 도와주는 프로그램을 만든 것이다.

이처럼 나는 최근에 와서야 소프트웨어가 개인과 사회의 문제를 해결하는 똑똑한 도구로 이용되고 있다는 것에 주목하기 시작했다. 물론, 소프트웨어를 잘 다루는 사람은 불법 게임을 만들 수도 있고, 은행 서버를 해킹할 수도 있다. 그러나 내가 만약 기술과 능력을 가진 사람이라면 따뜻한 세상을 만들기 위해서 좀 더 노력하고 애쓸 것 같다. 소프트웨어도 결국 돌멩이나 칼같은 도구인데, 도구는 사람이 어떻게 쓰느냐에 따라 그 가치가 달라지니까 말이다. 나도 소프트웨어를 활용하여 다른 사람과 사회에 도움을 줄 수 있을까? 우리 사회의 어떤 문제를 IT가 해결해줄 수 있을까?

공익 – 혼자 살 수 없으므로 ● ● ●

이웃을 널리 사랑하는 마음이 세상을 더 살기 좋은 곳으로 만듭니다. 여러 사람의 편리함을 위해서 무언가를 만들어내는 것이 바로 '공익'이지요. 월드와이드웹World Wide Web, W3 으로 공유하는 인터넷을 만들어낸 팀 버너스 리 Tim Berners-Lee는 공익과 공유의 가치를 실현한 사람이에요. 버너스리가 근무하던 유럽의 입자물리학 연구소인 CERN은 여러 그룹의 연구원들이 쉽게 정보를 공유할 수 있는 방법을 찾고 있었습니다. 버너스 리는 손쉬운 정보 공유 방법으로 인터넷에서 단어를 클릭하면 해당 문서로 연결되는 하이퍼텍스트 Hypertext *에서 힌트를 얻었죠. 연구 끝에, 결국 월드와이드웹이라고 하는 시스템을 만들어내는 데 성공했습니다. 그 이후 연구원들의 물리학 연구를 계속해서 돕는 한편, 월드와이드웹에서 쇼핑을 하고 음악을 듣고 조간신문을 읽을 수 있도록 해줬고, 친구와 연락을 취할 수도 있게 했어요. 처음에 팀원들과 정보를 공유하고자 했던 것이 세계 최초의 웹 사이트가 된 셈이죠.

인도의 13살 소년 슈밤 배너지는 레고를 활용해 점자프린터를 만들었어요. 기존에 2천 달러를 넘는 점자프린터를 살 수 없는 개발도상국 시각장애인들이 싼 가격으로 구입할 수 있도록 했지요. 슈밤이 직접 핵심 부품을 개발했고, 레고 블록으로 단가를 82%나 낮추어서 과학경진대회에서 단번에 대상을 받았을 뿐

• • • •

하이퍼텍스트 : 사용자가 연상하는 순서에 따라 원하는 정보를 얻을 수 있는 시스템이다. 즉, 문장 중의 어구나 단어, 그리고 표제어를 모은 목차 등이 서로 관련된 문자데이터 파일로서, 각 노드(node)들이 연결된 네트워크로 구성되어 효율적인 정보 검색에 적당하다. 여기서 노드는 하이퍼텍스트의 가장 기초적인 정보 단위를 말한다.

아니라, 인텔로부터 수십만 달러를 투자받아 중학생 CEO가 되었지요. 슈밤이 만든 점자프린터도 소수자에 대한 배려이자 공익의 가치 실현이라고 할 수 있어요.

구글의 '룬Loon 프로젝트'는 인터넷 사용이 어려운 오지나 제3세계에서 인터넷을 사용할 수 있게 하기 위해 진행 중인 사업입니다. 태양열 에너지로 작동하는 큰 비행 풍선에 무선 접속 장치를 탑재하여 하늘에 띄우고 각 가정에서는 룬 수신기를 장착해 인터넷에 접속하는 아이디어를 현실로 만든 것이죠.

우리나라에서 개발된 애플리케이션 중에 가장 여러 사람을 이롭고 따뜻하게 만든 것 중에 하나가 바로 '서울버스 애플리케이션'이 아닐까 싶어요. 이 애플리케이션을 만든 사람이 고등학생이라는 사실을 알고 있었나요? 유주완 씨가 고등학교 2학년 때

버스를 기다리다가 놓치기도 하고 추위에 떨기도 하면서, 버스를 기다리지 않고 탈 수 있는 효율적인 방법은 없을까 연구한 끝에 만들어낸 애플리케이션이에요. 애플리케이션 하나로 여러 사람의 불편함을 해결해주었고, 그로 인해 많은 사람들이 혜택을 얻었으니 이것이야말로 공익의 가치를 실현한 소프트웨어 아닐까요? "멋진 코드보다 이용자의 입장에서 생각하는 문제의식이 더 중요하다."라면서 좋은 서비스는 인간의 필요로부터 나온다고 말하는 유주완 프로그래머의 다음 작품을 기대해 봐도 좋을 거 같아요. 여러분도 소프트웨어를 가지고 무언가 만들고 싶다면 사람에 대한 관심부터 가지라고 말해주고 싶어요. 관찰을 통해 문제를 해결하는 방법을 찾다보면 멋진 소프트웨어를 개발할 수 있어요.

정부에서는 공공데이터를 개방하여 이를 이용해 더 좋은 애플리케이션을 개발할 수 있기를 기대하고 있답니다. 이미 기상 정보 등의 공공정보 빅데이터를 활용해서 사람들을 좀 더 편리하게 만들어주는 애플리케이션들이 속속 등장하고 있지요. 천재지변으로 인한 재난을 대비하기 위해 시스템을 이전보다 더 효율적으로 구축하려는 사람들도 있어요. 예를 들면, SNS에서 실시간으로 발생하는 데이터들을 모아 국가 기관과 전문가들의 데이터베이스와 연결해 기후 상황을 실시간으로 정확하게 파악하고, 초기에 대책을 신속하게 마련해 피해를 최소화하는 것이지요.

장애 – 어느 누구도 소외되지 않게 • • •

장애를 가진 사람들이 신체적인 제약에 의한 의사소통의 장벽을 극복하고 인간답게 살 수 있는 길을 열어주기 위해서는 무엇이 필요할까요? 현재까지 과학기술은 인간의 장애를 극복하기 위한 해결방안을 찾기 위해 많은 시도들을 해왔어요. 그렇다면 소프트웨어의 발달은 이 문제를 해결하는 데 어떻게 기여하고 있을까요?

헨리 에반스Henry Evans의 이야기를 해볼게요. 그는 스탠포드대학교를 졸업하고 실리콘밸리에 있는 회사의 최고 재무책임자로 일하고, 아이 넷을 둔 가장이었어요. 그런데 마흔 살이 되던 2002년에 갑자기 병으로 사지가 마비되고, 말을 할 수 없는 상태가 되었지요. 이후에 그는 자신과 같은 장애를 가진 사람들을 위해 개발된 기술이 있다는 걸 알게 됐고, 매던테크라는 회사에서 개발한 '움직임 추적장치 기술'을 이용해서 보통의 사람들처럼 컴퓨터를 사용할 수 있게 되었어요. 그의 머리가 움직이는 것을 감지해 커서를 작동시키는 기술 덕분에 웹 서핑도 하고 이메일도 교환하고 친구와 단어 게임도 하게 되었다고 하지요. 헨리 에반스는 소프트웨어 덕분에 신체 장애에도 불구하고 자신이 세상의 일부임을 느낄 수 있게 되었던 것입니다.

그러던 어느 날 그는 CNN에서 조지아 공대 찰리 켐프 교수가 운영하는 의료용 로봇 연구소의 PR2로봇 시범 방송을 보고, 윌

로우 개라지Willow Garage라는 로봇 회사의 스티브 커즌즈에게 메일을 보냅니다. 그때부터 '인류를 위한 로봇' 프로젝트가 시작되었지요. 스티브는 2년 동안, 마비가 된 헨리의 몸을 대신해서 PR2 로봇을 사용할 수 있는 방법들을 여러 가지로 연구하고 개발했습니다. 그 결과, 헨리는 10년 만에 처음으로 다른 사람의 도움 없이 혼자서 면도도 하고 냉장고도 열고 집안일도 하게 되었다고 하지요. 그 전에는 상상도 할 수 없었던 일이 로봇 공학과 소프트웨어의 발전으로 가능하게 된 것이지요.

　헨리는 여기서 멈추지 않고 계속 도전합니다. 브라운 대학의 채드 젠킨스와 함께 가상현실 기술과 드론을 통해 또 다른 자유

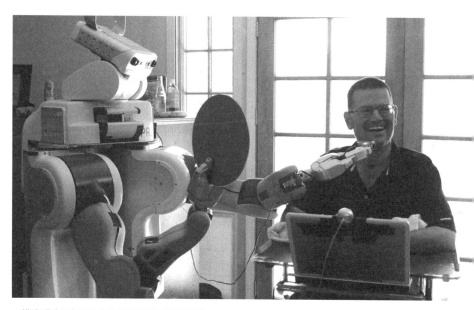

● 헨리 에반스와 그의 손발이 되어주는 PR2 로봇

를 얻게 되었지요. 몸에서 유일하게 움직일 수 있는 머리에 가상현실 경험 장치를 연결해서 대학 캠퍼스를 자유롭게 돌아다니며 구경하기도 하고, 인터넷과 소프트웨어 프로그램을 통해 헨리와 연결된 로봇 몸체를 이용해 실내축구를 하기도 합니다. 헨리는 마치 직접 바깥세상을 걸어 다니는 것과 같은 몰입감이 느껴진다고 말합니다. 불과 얼마 전까지 하더라도 병원에 갇혀 사회와 격리될 수밖에 없었을 중증 장애인이 새로운 자유를 얻게 된 것이죠. 신체가 불편한 사람들에게 소프트웨어 기술은 요술램프의 지니 같은 존재입니다.

시각장애인을 위한 '비마이아이즈 Be My Eyes'라는 애플리케이션은 스마트폰 카메라로 영상을 찍어 보내면, 장애가 없는 사람들이 전화나 문자를 통해 그를 도와줄 수 있습니다. 우유의 유통기한을 알려주거나 통조림의 종류, 냉장고 안의 식재료 위치를 알려주기도 하고, 요리를 할 때에 복잡한 기계 조작에 대해서도 설명할 수 있어서 많이 활용되고 있죠. 애플리케이션만 연결하면 간편히 도와줄 수 있기 때문에 평소 시간을 내기 어려워 봉사를 하지 못했던 사람들도 손쉽게 참여할 수 있습니다. 이뿐 아니라 청각장애를 가진 사람들을 위해 수화를 문자나 목소리로 바꿔주는 기술도 개발되었죠.

신체적 장애를 가진 사람들의 몸을 자유롭게 하는 소프트웨어는 그 밑바탕에 '배려'라는 가치가 깔려 있습니다. 아직 내게 닥

친 불편함이 없다고 하더라도 타인의 불편함에 공감할 수 있는 능력과 태도가 진정한 배려의 시작이라 할 수 있으니까요.

자, 여기서 우리는 무엇을 생각해보아야 할까요? 장애를 가진 사람들을 위한 애플리케이션을 개발하는 것도 중요하지만, 소프트웨어를 기획하고 개발하는 초기 단계에서 소수자를 배제하지 않는 관점을 가질 필요가 있다는 거예요. 우리가 처음부터 성별이나 연령, 국적, 문화적 배경, 장애의 유무와 상관없이 누구나 손쉽게 이용할 수 있는 '접근성'이 높은 소프트웨어를 개발하기 위해 노력한다면, 기술을 통한 보다 더 따뜻한 사회를 만들어갈 수 있지 않을까요?

평등 – 교육의 미래와 꿈 ●●●

디지털 사회에 정보와 지식은 예전보다 훨씬 더 중요해졌어요. 개인이 직접 정보를 찾아보고 끝나는 게 아니라 묻고 답하면서 지식 생산에 직접 참여하는 시대가 되었어요. 다시 말해, 매순간 새로운 지식과 정보가 끊임없이 만들어지고 변화하고 있다는 것이지요.

예전에는 어떤 지식을 배우면 최소한 특정 직업으로 경제활동을 마칠 때까지 그 지식이 유효했어요. 하지만 지금은 그렇지 않은 경우가 더 많아졌죠. 끊임없이 직장이나 직업에도 변화가 생겨나고 있지요. 옛날에는 한 직장이 평생직장이 될 가능성이 높았지만, 이제 그렇게 생각하는 사람은 거의 없는 시대가 되었죠. 지금과 같은 지식정보 사회에서는 대학이나 대학원 등에서 배운 전문 지식조차도 그것을 활용할 수 있는 기간이 점점 짧아지고 있고, 평생 동안 지속적으로 새로운 지식을 학습해야 경쟁에서 뒤처지지 않아요. 이처럼 평생학습에 대한 필요성을 절감하게 되었기 때문에 점차 디지털 도구를 이용한 학습이 보편화되고 있습니다.

소프트웨어의 발전으로 만들어진 많은 원격 교육 프로그램들은 시간과 공간의 제약을 넘어서 비용적인 면에 있어서도 더 자유롭게 공부할 수 있는 환경을 만들어가고 있어요. 예전엔 학원에 가서 유명 강사의 강의를 들으려면 돈을 내고 시간 맞춰 그 자리에 가야 들을 수 있었지만, 요즘은 인터넷으로도 명강의를 찾아서 들을 수 있고, 심지어 공짜로 들을 수 있는 곳도 많아서 열정만 있다면 노력과 시간을 투자해서 지식을 얻을 수 있는 기회가 열려 있죠. 말 그대로 언제 어디서나 공부할 수 있는 시대가 온 것이죠.

대표적인 예로 무크^{MOOC}를 이야기해 볼게요. 무크는 널리 '공개하는 온라인 강좌^{Massive Open Online Course}'의 약자에요. 하버드, MIT, 스탠포드, 동경대 등 전 세계 최고의 대학들의 강의를 무료로 수강할 수 있는 교육 플랫폼이지요. 알고리즘의 발달과 빅

데이터 기술의 발전이 이것을 가능하게 했어요. 이전에는 인터넷으로 강의를 제공하는 데에 그쳤다면, 무크 서비스에서는 사용자들의 데이터를 기반으로 강의를 추천해주거나, 동료끼리 서로를 평가하는 것도 가능해졌어요. 수강자는 자신이 원하는 강좌만 선택해 무료로 학습할 수 있고, 약 15분의 간략한 수업 뒤에는 퀴즈를 풀어 수강자가 얼마나 이해했는지도 스스로 체크할 수 있어요. 그리고 수많은 사람들이 제출한 오답을 기반으로, 각 수강자에게 맞춤형 조언을 제공해주기도 하지요.

현재 에드엑스^{edX}, 코세라^{Coursera}, 유다시티^{Udacity}, 칸 아카데미$^{Khan Acamdmy}$ 등에서 이 오픈 소스 교육 플랫폼인 무크를 적용해 교육 서비스를 하고 있습니다. 칸 아카데미는 MIT를 졸업한 '살만 칸Salman Khan'이 만든 사이트에요. 2004년 초등학생 조카에게 수학을 가르치려고 유튜브 강의를 제작했는데요, 이 영상이 인기를 얻자 유튜브 채널과 웹사이트 칸 아카데미를 만들어서 전 세계에 무료로 공개했어요. 지금은 최고의 교육 사이트 중 하나가 되었지요. 우리나라에서도 이런 변화에 발맞추어 서울대, 연세대, KAIST 등 국내 유수의 대학들이 각종 무크 서비스와 파트너 협약을 맺고 강좌를 제공하고 있어요. 또 2015년에는 교육부에서 앞장서 케이무크K-MOOC라는 한국형 교육 플랫폼을 출시하기도 했지요.

이런 전문적인 강좌나 대학 수준의 교육만 있는 것은 아니에요. 자폐증을 가진 장애 학생을 위한 '눈 맞춤 훈련용' 애플리케이션도 개발되었고, 학습 능력이 조금 뒤떨어지는 어린이들에게 더 재미있고 쉽게 그리고 효율적으로 기본적인 학습을 제공할 수 있는 프로그램을 개발하고 있는 프로그래머도 있답니다.

자폐아들은 그 정도에 따라 다르겠지만, 대체적으로 다른 사람과 의사소통이 불가능하고 눈을 맞추기 힘들고 공감 능력이 떨어진다는 점이 교육에 있어서 가장 큰 어려움이라고 해요. 하지만 디지털 기기와는 수월하게 소통한다는 사실에 착안하여 '룩앳미LOOK AT ME'라는 자폐아 교육 애플리케이션이 개발되기도 했지요. 8주 동안 룩앳미로 훈련한 자폐 아동이 점차 엄마와 가까워져 가는 모습을 담은 영상이 큰 화제가 되기도 했어요.

　이런 노력들이 평등한 교육 기회를 제공해 좀 더 많은 사람들이 배움을 즐기고 세상의 변화에 대처할 수 있게 하고 있어요. 이런 기회를 통해서 우리는 이제 그저 새로운 정보나 지식을 얻는 것뿐만 아니라 전체적인 세상의 변화를 이해하고, 좀 더 넓은 시야를 길러주죠. 이제 여러분이 살아갈 세상에서는 변화하는 지식을 어떻게 습득하고 적용해야 할까를 배우는 일이 더 중요해졌어요.

공유 - 함께 쓰는 오픈 소스 ●●●

여러분이 만약에 로또에 당첨되어 큰돈이 생긴다면 그 돈을 어떻게 쓸 건가요? 맛있는 것을 먹고 좋은 집을 사고 멋진 곳으로 여행을 다니면서 써버릴 수도 있을 테고, 알뜰하게 계획을 짜서 얼마는 저축을 하고 얼마는 갖고 싶던 것을 사고 얼마는 다른 사람을 돕거나 의미 있는 일에 쓰겠다고 계획할 수도 있겠지요. 바로 이런 고민이 소프트웨어를 만들어내는 데에도 필요하답니다. 우리에게 주어진 기술을 어떤 식으로 활용할 것인가에 대한 고민 말이지요. 소프트웨어로 큰돈을 벌 수도 있지만 그것을 포기하고, 자신의 프로그래밍 코드를 공개하고 공유함으로써 더 많은 사람들이 행복해지고 세상을 좀 더 따뜻하게 만드는 데 기여하는 사람들이 생겨나고 있어요. 이 사람들이 무료로 세상에 배포한 프로그래밍 코드를 바로 '오픈 소스Open Source'라고 부른답니다.

　오픈 소스의 대표적인 사례는 리눅스예요. 리눅스는 핀란드 헬싱키 대학의 학생이었던 리누스 토발즈Linus Torvalds가 1991년에 만들어낸 공개 운영 체제예요. 수업에서 프로젝트를 진행하다가 대형 컴퓨터에서 쓰이는 운영체제였던 유닉스UNIX를 개인용 PC에서 사용할 수 있도록 만든 것이 현재 리눅스의 모태가 되었다고 해요. 미국의 리차드 스토란이 '모든 소프트웨어는 공개해야 한다.'는 생각을 실현하기 위해 FSFFree Software Foundation라는 단체를 만들어서 운영하던 중 소프트웨어를 설치해서 사용할 운영체제로 리눅스를 채택하게 되었고, FSF가 지향하는 가치에 따라 무료로 운영체제 프로그램을 공개하고 공유하게 한 것이지요. 리눅스는 유닉스와 완벽하게 호환 가능하고, 강력한 네트워크를 구축할 수 있으며 인터넷의 모든 기능을 지원할 수 있다는 장점이 있어요. 하지만 공개 운영체제이기 때문에 문제점이 발생했을 때 보상받을 수 없다는 한계가 있지요. 하지만 안정성과 신뢰도가 점점 높아지는 운영체제로 인정받으면서 세계 곳곳에서 널리 사용되고 있어요. 리눅스를 활용해서 프로그래밍하는 기업이나 개인 프로그래머는 자발적으로 리눅스를 업그레이드해서 더욱 발전하고 있지요.

후원 – 소셜 펀딩, 아이디어를 사라 ● ● ●

여러분, 혹시 정말 좋은 아이디어가 있는데 돈이 없어서 실현하지 못해 안타까웠던 적 없었나요? 불특정 다수의 사람들에게 자금을 모은다는 뜻의 '크라우드 펀딩'은 이러한 고민을 해결해 줄 수 있는 방법 중 하나입니다. 자금이 없는 예술가나 사회 활동가들이 크라우드 펀딩을 통해 의미 있는 작업들을 할 수 있게 된 경우가 많지요. 창작 프로젝트나 사회공익 프로젝트를 인터넷에 공개하면 이에 공감하는 익명의 사람들이 자신의 돈을 후원합니다. 개인의 좋은 뜻을 응원하는 마음이 모여 자금 후원으로 이어지는 것이죠. 트위터, 페이스북 같은 SNS를 적극 활용하기 때문에 이를 '소셜 펀딩Social Funding'이라고도 합니다.

크라우드 펀딩으로 창의적인 아이디어를 실현하고 싶은 사람과 그 아이디어에 필요한 자금을 대는 사람들이 모이는 공간이 많이 생겨나고 있습니다. 세계 최초의 크라우드펀딩 사이트는 2008년 1월 시작한 인디고고indiegogo.com이고, 현재 가장 유명한 크라우드 펀딩 서비스는 2009년 4월 출범한 미국의 킥스타터kickstarter.com이지요. 킥스타터에 올라오는 아이디어는 만화, 영화, 음반, 공연, 출판, 사진전, 게임 제작, 문구류, IT 기기 등 무척 다양합니다. 자금을 구하지 못해 발명자의 머릿속에만 머물렀을 아이디어가 킥스타터 덕분에 빛을 보게 되었답니다. 2012년 킥스타터에 약 2만개의 프로젝트가 목표 금액을 모았고, 그중 17개

는 100만 달러 이상을 모았다고 하지요.

목표액과 모금 기간이 정해져 있고, 기간 내에 목표액을 달성하지 못하면 후원금이 전달되지 않기 때문에 창작자는 물론 후원자들도 적극적으로 프로젝트를 홍보하고 나섭니다. 누군가 멋진 발명 아이디어를 사이트에 올리면 그 아이디어가 맘에 드는 사람들이 미리 돈을 내서 발명품을 제작할 지원금을 주는 것이죠. 때론 상품 대신 보답품을 받기도 합니다.

'10년 동안 음악을 작곡하며 가수의 꿈을 꾸고 있습니다. 100만원이 있으면 대형 기획사에 소속되지 않고 제 스스로 음반을 제작을 할 수 있게 되었지요. 제 노래 한 곡을 들어보시고 1만원을 후원해주시면 음반 재킷에 고마운 사람들 목록에 이름을 올려주겠습니다. 5만원을 후원해주시면 제 앨범 CD를 하나 드리겠습니다.'라는 글이 올라오기도 하구요.

'세계여행 중인 스무살 청년입니다. 후원하시고픈 만큼 후원해주시면 매일매일 여러분이 여행하는 것 같은 기분이 드는 엄청나게 멋있는 전 세계 곳곳의 사진을 보내 드리겠습니다.'라는 재기발랄한 아이디어를 지지하기도 합니다.

일상 속
소프트웨어에 대한 고찰

한빈이의 하루

오늘 학교에서 청소년 인터넷 중독에 관한 실태 조사를 했다. 솔직히 내가 스마트폰 중독자 같을 때가 가끔 있다. 물론 나도 안다. 아무 생각없이 인터넷에게 휘둘리지 않고, 인터넷의 유익한 점만 잘 활용해서 쓰는 스마트한 이용자가 되어야 한다는 걸. 그러나 디지털 네이티브인 나에게 인터넷은 늘상 재미있고 흥미로운 친구이다.

페이스북에서 친구들끼리의 짓궂은 장난, 농담과 사생활을 부모님이나 선생님이 보는 게 싫어서 일정 시간 후엔 게시글이 사라지는 스냅챗^{Snapchat}을 시작했다. 역시 나같은 친구들이 많았는지 페이스북은 10대 탈퇴율이 높다. 스냅챗을 개발한 사람들은 우리 맘을 잘 아는 10대가 아닐까?

 인터넷 서핑을 하는데 또 자살 기사를 봤다. 미국의 명문 대학 코넬대학교의 학생이 SNS를 통해 보는 다른 사람들의 외모와 삶에 열등감을 느껴 자살했다고 한다. 코넬대학교 교내 상담 소장은 일상을 미화하고 자랑하는 게 습관화되어 있는 SNS가 학생들의 우울증을 부추긴다고 했다. 그래, 미국도 다를 바 없구나. 이제부터 SNS에 '못생긴 셀카' 올리기 캠페인을 벌여야 하는 건 아닌가 생각했다.

SNS는 전 세계를 이어줘 지구 반대편의 민주화 시위에 지지를 보내는 등 사회 문제를 해결하는 데에도 큰 역할을 한다. 그러나 상대적 박탈감으로 인한 우울, 악플로 인한 자살, 사생활 침해, 인간관계에 직접적인 접촉이 줄어드는 등 문제점이 발생하기도 한다. 교실에서 친구들과 웃고 떠드는 것보다 페이스북 댓글로 장난치고 낄낄대는 것이 더 익숙하고 당연한데, 이것은 잘못된 걸까? SNS 해킹으로 유명 연예인의 사생활이 폭로 되었을 땐, 이건 누구에게 책임을 물어야 할까? 가상 공간에서 벌어지는 일은 흥미로운 게 참 많지만, 어디서 어디까지 지켜져야 하고, 어디서 어디까지 즐겨야 하는지 고민하게 되는 요즘이다.

인터넷 속엔 진실이 있을까 ● ●

인터넷에서 정보의 전파 속도는 전통 미디어인 텔레비전이나 라디오보다 훨씬 빠릅니다. 그러나 잘못된 정보의 확산 속도 또한 엄청나게 빠르다는 게 문제지요. 의도적인 헛소문, 루머나 과학적 근거가 없는 민간요법 등 위험한 정보들이 SNS를 통해서 돌아다니고 있습니다. 범람하는 지식들 속에서 정확한 판단을 하기란 더욱 어려워졌습니다. 인터넷에서 떠도는 소문들은 그럴싸하게 포장돼 정보로 둔갑되지요. 커뮤니티나 검증되지 않는 해외사이트에서 수집된 극단적인 개인의 의견이 마치 그 집단 전체의 의견인 것처럼 변질되어 유포되기도 합니다.

트위터의 팔로워, 혹은 페이스북의 친구가 많은 '헤비유저heavy user'가 해당 악성 정보를 공유하면 그 파급력은 더 커집니다. 인간의 집단 심리와 결합되어 어떤 일에 동의하거나 또는 부정하는 사람들이 과반수가 되는 순간, 그 정보는 확인 작업을 거치지 않고 진실이 되어버리기 때문이지요. 서로의 의견 차이는 극복하기가 더욱 힘들어졌고, 누가 진실을 말하는지 아무도 정확하게 알 수 없게 되었습니다.

온라인에는 '아님 말고' 식의 가십 거리를 무책임하게 퍼뜨리는 사람들이 많습니다. 증명되지 않은 사실을 서로에게 전달하는 행위 자체가 잘못되었다고 생각하지 못하는 것이 큰 문제이지요. 사실이 아니라면 그냥 해본 말이라고 회피합니다. 익명성

이 보장되는 곳이니 맘껏 소문을 내고, 문제가 되면 나도 그냥 들은 말일 뿐이라고 꼬리 감출 수 있는 곳이 바로 온라인이죠. 도망갈 곳을 미리 파 놓고 일단 건드려보는 것은 비열한 행동이 아닐까요? 우리 스스로에게 이런 인터넷 문화를 조성하지 않았나 물어보고 반성해야 합니다.

물론 이들 SNS가 오히려 자정 역할을 하는 경우도 많습니다. 잘못된 정보를 정정해 확산시키는 것도 SNS의 몫입니다. 고위 공무원, 연예인에 관한 좋지 않은 소문들, 블랙컨슈머 black consumer 의 악의적 정보 유통을 막기 위해서는 진실을 알리고 노력하는 자세가 필요합니다. 우리 스스로가 객관적인 정보를 전달하고 다른 사람의 의견을 받아들일 줄 아는 마음가짐을 지니고 있어야 하지요. 범람하는 지식 속에서 가장 진실과 진리에 가까운 정보를 찾아내는 능력도 길러야 합니다.

SNS의 최대 위력인 소통의 힘은 때로 인터넷 마녀사냥으로 번지기도 하고 사이

버 인민재판의 장을 열기도 합니다. 목소리 큰 놈이 이긴다는 말처럼 해당 사안에 대해 제대로 판단하지도 않고 많은 네티즌이 옹호하는 쪽이 진실로 굳어져버리기도 합니다.

특히 청소년 시기는 아직 자신의 가치관과 세계관이 확립되지 않은 때이기 때문에 무분별하게 쏟아지는 SNS의 주장에 휘둘릴 가능성이 있습니다. 어떤 것이 옳고 그른지 판단할 수 있는 통찰력이 필요합니다. 진짜 문제는 스마트폰과 인터넷에 지나치게 의존하고 있다는 현실이 아닐지도 모릅니다. 우리가 그로부터 어떤 영향을 받고 있는지 좀처럼 자각하지 못하고 있다는 점이 문제일 수도 있습니다.

누가 광고의 주체일까 • • •

인터넷 사이트가 자사의 광고 효과를 높이기 위해 무분별한 팝업Popup 광고를 남발하고 있습니다. 나에게 지금 필요한 정보가 아닌데도 괜히 궁금해 광고를 클릭하기도 하고, 호기심에 선정적인 이미지를 눌러보기도 합니다. 한 페이지의 4분의 1정도를 차지해왔던 팝업 광고는 클릭을 유도해 트래픽traffic을 높이기도 하지만 오히려 인터넷 창을 닫게 만드는 부정적 영향을 끼치기도 합니다.

많은 사람들이 스크린 상에서 팝업 광고를 없애는 장치와 이

를 가능하게 하는 소프트웨어 개발을 지지합니다. 팝업스토퍼
Popup Stopper 같은 소프트웨어는 무분별한 광고로부터 소비자를 보호하지요. 인터넷 익스플로러에서 작동되는 이 프로그램은 팝업 광고를 막아주고, 소비자가 특정 광고를 선택해서 볼 수 있는 기능까지 제공합니다. 이 소프트웨어는 수많은 부모님의 불만에 귀를 기울인 후 만들어졌지요. 너무하다 싶을 정도로 선정적이고 자극적인 광고가 사이트 곳곳에 난무해 당황한 부모님이 많았습니다. 팝업스토퍼가 출시된 지 한 달도 되지 않아 10만 회 이상의 다운로드 회수를 기록하기도 했습니다.

온라인 미디어 사이트뿐 아니라 인터넷 쇼핑 사이트에서도 수많은 팝업 광고가 우리를 집어삼킬 듯 기다리고 있습니다. 오늘의 특가, 3시간 안에 사용해야 하는 할인 쿠폰, 내게 딱 맞는 추천 상품 등 엄청 많은 광고가 테두리를 두릅니다. 필요한 것을 싸게 구매하려고 인터넷을 이용하는데 광고를 보니 갑자기 내가 진짜로 원하는 게 무엇인지 헷갈리기 시작합니다. 모든 걸 다 사고 싶고, 다 필요한 것 같고 좋아보입니다. 왠지 지금 사면 이익을 볼 것 같기도 하지요.

개인의 자유와 개성을 중시하는 사회에서 내 선택이 과연 '나의 선택'이었는지 한번 돌이켜봅시다. 너무 많은 광고에 길들여져 자의가 아닌 타의로 상품을 선택한 것은 아닌지 생각해봐야 하지요. 상품에 관한 정보 즉, 광고를 볼 것인지 말 것인지 선택

하는 주체가 인터넷을 사용하는 개인이 되어서는 안 되는 걸까요? 광고를 선택하는 주체가 누구여야 하는가 다시 한번 생각해 보아야 합니다.

정말로 검색이 맞을까? ● ● ●

인터넷에서의 정보검색이란 자신이 원하는 정보를 여러 가지 검색 도구를 사용하여 찾아내 활용하는 과정입니다. 즉 정보검색은 자료를 찾아내는 행위에 국한하는 것이 아니라 검색 결과를 이용하여 분석, 추론, 결론을 통한 활용까지를 포함합니다.

그러나 웹에서 자신이 찾는 정보를 검색하기란 상당히 힘이 듭니다. 인터넷은 정보의 바다라 불릴 정도로 상당히 많은 양의 정보가 쌓여 있는 곳이기 때문이죠. 그래서 등장한 것이 검색 엔진 search engine 입니다.

검색 엔진이 등장하기 전, 컴퓨터는 파일을 서로 주고 받을 수 있도록 단순히 함께 연결되어 있는 수준에 불과했습니다. 사람들은 서버에 공유 파일을 업로드하려는 사람들과 그러한 파일을 다운로드하려는 사람들로 나뉘었습니다. 서버를 한데 모으면 한군데에서 많은 파일을 쉽게 찾을 수 있었지만 파일의 위치를 알지 못하면 여전히 해당 파일의 다운로드가 쉽지 않았습니다.

1990년 최초의 검색 엔진이 탄생하였는데 그 이름은 '아카이

브 archive '에서 v를 뺀 '아키 Archie '였습니다. 현대식 검색 엔진과는 많이 달랐지만 원하는 파일의 이름을 알고 있는 경우엔 손쉽게 그것을 찾을 수 있었죠. 이후 검색 엔진은 진화했고, 지금의 알고리즘 형태를 갖추게 되었습니다.

구글은 검색 엔진 중 현재까지 전 세계 80% 점유율을 차지하고 있습니다. 구글이 얼마나 체계적이며 정확한 정보를 제공하고 있는지 알 수 있는 수치입니다. 우리나라 사람들은 검색을 할 때 구글보다는 네이버를 많이 사용하지만 이 둘은 근본적으로 많이 다릅니다. 사실 네이버는 엄밀히 말하면 검색 사이트가 아니라 포털 사이트의 성격을 더 강하게 띠고 있지요.

구글은 네이버와 달리 자사의 콘텐츠를 우선적으로 노출하지 않습니다. 실제로 구글에서 검색을 해보면 전문 사이트 위주의 콘텐츠가 상단에 노출되는 경우가 많지요. 반면에 네이버에서 검색을 하면 네이버 블로그, 네이버 지식인, 네이버 카페 등 네이버 내부의 콘텐츠가 우선적으로 검색됩니다. 정말 필요하고 알고 싶은 전문성 있는 정보보다는 사람들이 주고 받은 이야기가 주로 검색되죠. 또 연관 검색어를 활용해 광고하는 등 검색을 교묘히 광고 수단으로 사용하기도 합니다.

검색 엔진 최적화 searching engine optimization 는 검색 엔진에서 검색했을 때 상위에 나타나도록 관리하는 시스템을 말합니다. 검색 엔진 최적화 방법 중에는 자신의 사이트를 대표할 수 있는 핵심적인 키워드를 두세 개 선택해 이를 사이트에 등록하는 방법이 있습니다. 이를 여러 사이트에서 추천 사이트로 등록할 경우 자연히 이용자가 많아지고, 이용자가 늘어나면 사이트의 순위도 올라가게 되지요. 기업들은 네이버의 검색 알고리즘을 파악해 연관 검색어, 추천 검색어, 자동완성 검색어에 올려 놓고 광고에 유리한 우위를 잡으려 합니다. 이런 메커니즘을 알고 있다면 무엇이 더 유용한 정보인지 판단하는 데에 도움이 됩니다.

무료한 시간 내내 무료 정보를 판 걸까 ●●●

돈을 내지 않고 어떤 상품을 사용한다면 바로 우리가 상품일 수 있습니다. 그 대가로 우리가 제공하는 개인 정보와 사용 내역은 기업에겐 엄청난 가치의 상품입니다. 빅데이터 서비스는 '사람'을 데이터화합니다.

소비자가 원하는 것, 소비자에게 필요한 것을 알아야 대박 상품을 만들어낼 수 있고, 기업의 최대 이윤을 기대할 수 있습니다. 광고를 만드는 사람들도 마찬가지입니다. 가끔 나에게 제공되는 '추천 상품'이나 '추천 게임' 목록을 보고 놀랐던 적 없나요? 우리가 인터넷 서핑을 할 때 관심 있는 것들을 검색하면 그 기록은 데이터베이스에 저장됩니다. 그러면 맞춤 광고 분석 프로그램이 이전에 동일한 내용을 검색한 수많은 사람들의 활동 로그, 검색

이력을 분석하여 우리에게 추천 상품 광고를 보여주는 것이지요. 이러한 프로그램도 빅데이터 기술에 포함됩니다. 나도 모르게 클릭했던 자료들을 모아서 내 취향을 분석하고 거기에 맞는 후보들을 올려주는 것인데, 기업의 마케팅에 내 개인 정보가 노출된 거라 볼 수 있겠지요.

한편으로 소비자의 입장에서 편리한 점도 있습니다. 미처 깨닫지 못하고 있었지만 자신의 구매 경향을 알 수 있고, 사려고 했다가 깜빡한 것을 상기시키는 정보를 얻을 수도 있을 테니까요. 그리고 관심 있어 하는 상품 정보만 쏙쏙 골라서 맞춤형 콘텐츠를 제공받을 수도 있겠지요. 그런 식으로 우리 일상에 접근한 빅데이터 기술은 생활을 편리하게 만들어줍니다. 찾아보기 귀찮고 늘 하던 방식대로 지내는 것이 좋은 사람들에게 알아서 맞춤형으로 서비스가 제공되는 것이니까요.

스마트폰과 창의력은 무슨 사이일까 •••

좋아하는 사람과의 약속 시간에 먼저 나왔다면 무엇을 하며 그 사람을 기다리나요? 아마도 어떤 데이트를 할지 상상하기보다는 스마트폰으로 조회수 높은 뉴스 기사를 보거나 SNS에 올라온 댓글을 보는 친구들이 더 많을 거예요. 하루를 마무리할 때도 그렇지요. 오늘 있었던 일을 돌아보며 반성하고 감사하는 일기를 쓰기보다는 잠들기 직전까지 웹툰을 보거나 여러 블로그에 방문하는 경우가 더 많을 테지요.

스마트폰은 우리가 심심해 할 겨를을 사라지게 만들었습니다. 그런데 심심함이 사라진다는 것은 좋은 걸까요? 버스를 기다리면서, 지하철 안에서, 엘리베이터를 기다리는 짧은 순간에도 우리는 스마트폰을 놓지 않죠. 스마트폰과 하나가 되어 언제 어디서든 많은 정보에 휩쓸리는 시간이 늘면서, 심심함에 주위를 관찰하고 이상하고 놀라운 상상을 펼치는 시간은 점차 사라지게 됐습니다.

미국의 두뇌 연구가 마커스 라이클Marcus Raichle은 '멍'한 상태에 있거나 잡념에 빠졌을 때 극도로 활발해지는 뇌의 영역을 발견해 이를 '디폴트 모드 네트워크Default Mode Network'라고 이름 지었습니다.《행복의 중심 휴식》이란 책의 저자이기도 한 그는 신경세포인 뉴런을 새롭게 정비하고 기억을 분류하며 배운 것을 처리해 자기 것으로 만드는 과정에서 디폴트 모드 네트워크가 활성화한다고 분석했습니다. 어떤 일에서 벗어나 별 생각 없이 있는 게 우리의 정신 건강에 매우 중요하다는 설명입니다. 아무것도 안하고 멍 때리는 시간, 편하고 여유롭게 사색에 잠길 시간을 스마트폰이 뺏어간 것은 아닐까요?

쉴 때 활성화되는 뇌의 디폴트 모드 네트워크는 평소에 서로 연결되지 못하는 뇌의 각 부위를 연결시켜주고, 바로 이때 창의

성과 통찰이 생겨난다고 말합니다. 새로운 발견과 창의성은 쉴 새 없이 정보를 습득하고 판단하며 신경을 집중해 멀티태스킹을 하는 상태에서가 아니라, 오히려 아무 생각 없이 뇌 활동을 멈추고 휴식하는 상태에서 생겨난다는 것이죠.

가끔은 스마트폰을 꺼두고 자신의 마음을 들여다보는 시간을 가져보는 게 어떨까요? 휴식을 취하고 뇌를 쉬게 하기 위한 방법으로 스마트폰의 게임 한 판을 선택하는 것이 아니라 눈을 감고 잠시 명상을 해보길 권합니다. 스마트폰 없이 사는 스마트 단식을 며칠 간 해보는 것도 좋은 방법일 것입니다.

한발 앞서 **상상**하고
대비한다면

"흰둥아, 문구점에 가서 노트랑 펜 좀 사올래?"

"네, 알겠습니다. 삐빅삐빅."

알파고처럼 똑똑한 인공지능 로봇이 내 잔심부름을 해줬으면 좋겠다. 인공지능 로봇이 진화할수록 나는 더 편한 삶을 살아가게 될 것이다. 내가 용돈을 저금하는 이유는 딱 하나다. 애완 로봇, 심부름 로봇, 집사 로봇을 사서 부려 먹기 위함이다. 그렇게 살다보면 사람보다 기계와 대화하는 시간이 더 많은 하루를 보내게 되려나?

인공지능 로봇 사회에서는 인간관계의 단절이 가속화되고 사회적으로 소외되는 인간이 더 많아질 것이다. 아니다. 어쩌면 인간이 인공지능에게 지배당하는 날이 올지도 모른다. 그러다 로봇에게 자아가 생긴다면? 로봇에게 감정이 생긴다면? 그리고 그 로봇이 인간 자신을 부려 먹고 있다는 것을 알게 된다면? 그때는 정말로 로봇과 사람이 전쟁을 하는 날이 올지도 모른다.

사람이 살기 더 편리한 세상, 좋은 세상을 위해 과학기술을 발전시키고 있는지, 이 과학기술이 가져올 미래가 우리가 바라는 사회를 만들지 갑자기 모든 것이 혼란스럽다. 심각한 고민의 순간에, 세탁기와 식기 세척기가 자신의 임무를 완료했다고 소리내 운다.

"알았어, 지금 간다구 가."

소프트웨어와 인간의 본질 ●●●

우리가 왜 살아가는지, 어떻게 살아야 하는지, 내가 살아가는 시간과 공간이 나와 어떠한 연관을 맺고 있는지 생각해본 적 있나요? 사회에 속한 인간의 존재를 돌아보고 나를 정의하는 행위를 인문적 성찰이라고 합니다. 그렇다면 소프트웨어를 인문적 관점에서 생각한다면 어떻게 정의내릴 수 있을까요?

먼저 소프트웨어의 본질에 대해 생각해봅시다. 소프트웨어의 본질은 문제해결이 아닐까 합니다. 사회문제를 해결하고 타인을 돕는 소프트웨어는 인간에게 도구 이상의 역할을 하게 됩니다.

소프트웨어는 인간이 인갑답게 살 수 있도록 돕는 방향으로 생성되고 발전되어야 합니다. 나눔, 배려, 박애, 공공선, 공익, 공유와 소프트웨어가 만날 때 그 가치는 무한대로 커집니다.

인간의 본질은 무엇일까요? 참 어려운 질문이지요. 똑똑한 철학자들도 인류의 역사를 2000년 이상 연구하고 토론했지만, 결론을 내리지 못한 질문이니까요. 그렇다면 질문을 바꿔볼게요. 인간은 로봇과 어떻게 다를까요? 인간이 로봇보다 나은 점은 무엇일까요? 아마도 내면 안에 따뜻함, 양보, 배려, 용서, 사랑과 같은 가치를 품고 살아간다는 것 아닐까요?

소프트웨어가 지배하는 로봇과 컴퓨터는 인간이 만들어놓은 범위 안에서 해결책을 찾습니다. 그런데 인간만이 그 범주를 벗어나서 스스로를 바깥에 두고 생각할 수 있지요. 어떤 새로운 발견이 우연에 의한 것일 수도 있지만, 창의적인 사람들의 틀을 깨는 생각이 인류를 발전시켜 왔지요. 앞서 이야기한 '강한 인공지능'은 스스로 학습할 수 있다고 하는데 과연 인간이 정해둔 범위를 벗어나는 고차원적인 사고를 할 수 있게 될까요? 인간보다 몇 배의 기억력과 합리적인 알고리즘을 통한 판단력을 갖게 된다고 해도, 그 알고리즘을 넘어서는 사고와 판단은 아직까지는 인간만이 가능한 영역입니다.

또 한 가지 생각해볼 것은 인간의 따뜻한 마음입니다. 이 마음을 다른 말로 표현하면 '사랑'이지요. 컴퓨터나 로봇은 할 수 없는 생각이 바로 양보, 배려, 용서, 희생 등이에요. 빅데이터를 근거로 인간의 행동 패턴을 파악해서 어떤 조건에서 어떤 식으로 판단하고 행동하는 것을 모방할 수는 있겠지만, 인간에게는 논리로 설명할 수 없는 선택 방식이 있지요. 사람들은 종종 통계나 실험 데이터로도 설명이 되지 않는 판단을 내리는 경우가 있는데, 이것은 오류라기보다는 손해를 좀 보더라도 선택하고 추구하고 싶은 마음 안의 우선순위가 있기 때문이에요.

그래서 우리가 소프트웨어를 생각할 때 기능적이고 효율적이고 생산적이고 경제적이라는 이유 외에 인간이 추구하는 가치엔 무엇이 있는지 더 생각해보아야 한다는 것입니다.

알파고와 진정한 친구 되기 ●●

이세돌 9단과 바둑을 두어 4승 1패를 한 인공지능 알파고를 만든 데미스 하사비스Demis Hassabis는 인간을 이기는 인공지능을 꿈꾼다고 합니다. 알파고는 나머지 대결에서는 모두 승리했지만 네 번째 대결에서 이세돌 9단에게 패배했지요. 그날 대국이 끝나고 일본방송국 NHK 기자가 알파고를 만든 데미스 하사비스에게 이런 질문을 했습니다.

"알파고가 항상 인간이 이해하지 못하는 큰 그림을 그려 왔고, 실수도 실수가 아니고 묘수라고 했는데, 오늘은 진짜 실수를 했

습니다. 인공지능이 의학과 같은 분야에 적용되었을 때, 사람의 생명과 관련된 일에 오늘처럼 잘못된 판단을 내릴 수 있겠죠. 그러나 사람들은 인공지능이 더 큰 그림을 본 것이라고 믿고, 혼란스럽지만 그 잘못된 결정에 따를 수 있을 것 같습니다. 이에 대해 어떻게 생각하십니까?"

기자는 인공지능이 사람을 대신해 일할 시대가 왔을 때, 인공지능은 실수가 없다는 맹목적인 믿음을 가질 수 있느냐에 대해 의구심을 가진 것입니다. 인간의 목숨과 직결된 영역을 인공지능이 대체했을 때 가져오게 될 위험성에 대한 경고이기도 했죠. 인공지능이 현실에서 만행을 저지르는데 그것을 누구도 통제할 수 없는 장면이 상상되기도 합니다. 인공지능이 인간을 지구상에 존재하는 나쁜 바이러스라고 판단해서 자신을 조종하는 프로그래머를 역공격하는 시나리오도 충분히 가능하겠죠. 대형사고가 나서 수많은 사람들이 고통스러워하는데, 인공지능을 가진 메딕 로봇이 1초간 스캔을 쓱 하더니 '살 수 있는 사람이 없군.' 하면서 그냥 돌아서버리는 장면이 머릿속에 스치기도 하고요. 결국 인공지능은 인간에게 두려운 존재가 될 수밖에 없는 걸까요?

하지만 이번 알파고와 이세돌 9단의 대결에서 IT 업계에 종사하는 많은 사람들은 인공지능에 대한 두려움보다는 인류에 대한 더 큰 희망을 보기도 했습니다. 세계 최고의 바둑기사가 놓는 수가 당연히 가장 좋은 수라고 생각했는데, 인간이 설계한 알파고가 그 한계를 넘어서는 수를 놓은 것이죠. 어쩌면 이것은 인간이 한계를 넘고 더 발전할 수 있는 계기를 인공지능이 마련해준 것이라고도 볼 수 있습니다.

인공지능과 인간이 상부상조할 수 있는 방법이 분명히 있을 것입니다. 알파고를 만든 하사비스의 회사를 구글이 인수할 때, 하사비스는 자신과 자신의 팀을 통제할 수 있는 인공지능 윤리위원회를 설치해 달라고 요청했다지요. 인공지능의 윤리적 위험성을 통제하고 계속해서 고민하는 것도 엔지니어의 몫입니다. 우리가 지속적으로 이에 관심을 갖고 함께 토론한다면 똑똑하고 따뜻한 기술의 혜택을 모든 인류가 누릴 수 있을 것입니다.

인공지능이 탑재된 로봇을 창조한 것은 인간입니다. 이는 인간이 자신이 필요한 용도에 맞게 로봇을 도구로 쓰겠다는 것이죠. 그런데 반대로 인간이 로봇의 노예가 된다면 어떻게 될까요? 로봇은 인간이 만든 피조물로서 이 세상에 존재할 수 있을까요?

알파고와 이세돌의 대결은 우리에게 인공지능 로봇이 왜 필요한가, 앞으로 로봇을 어떻게 쓸 것인가, 로봇이 인간을 대체하는 시대를 어떻게 대비할 것인가, 인공지능 로봇에게 인간과 비슷한 권리를 부여하는 것이 과연 정당한 것인가 등 다방면에서 철학적인 물음을 던지는 일이 매우 중요해졌음을 일깨워주었습니다.

우월한 도둑질, 해킹 ● ●

2000년대에 들어서 컴퓨터와 인터넷의 사용이 보편화됨에 따라 다양한 해킹 사고와 그로 인한 피해가 발생하기 시작했습니다. 기존에는 기업이나 공공기관의 서버 시스템을 공격 대상으로 하는 해킹 사고가 대부분이었지만, 2000년대 이후에는 개인용 컴퓨터를 사용하는 일반인에게까지도 피해가 확대되었지요. 또한 컴퓨터를 공격하여 관리자 권한을 획득한다든지 컴퓨터를 파괴하는 형태의 범죄에서 점차 개인 정보 유출, 피싱phishing과 같은 금전적인 이득을 목적으로 하는 해킹 범죄가 증가하는 경향을 보이고 있습니다.

여기서의 해킹은 사실 엄밀하게는 크래킹cracking을 의미합니다. 해킹이 외부로부터 악의적인 공격을 미리 막아주고 예방해주는 선량한 행위라면, 크래킹은 범죄적 목적을 띠고 공격하는 행위를 뜻하기 때문에 크래커들은 사이버 범죄자라고 볼 수 있습니다. 해커는 정보의 공유를 주장하는 고도의 컴퓨터 전문가로서 컴퓨터 프로그램 발전에 기여한 긍정적인 측면이 있는 반면에, 크래커는 악의적으로 범죄의 수단으로써 해킹 기술을 이용한다는 차이점이 있습니다.

우리나라에서는 컴퓨터 범죄에 대하여 해커와 크래커를 구분하지 않고, 화이트 해커와 블랙 해커라고 부르는 경향이 있습니다. 크래커는 이익을 추구하면서 악의적이고 이기적인 목적으로 보안 시스템을 공격하는 경우가 많습니다. 공항 관제탑이나 발전소의 정보 시스템에 침입하여 가동을 중단시키거나 군사 위성에 침투하는 등의 불법 행위를 자행하지요. 또 식품 회사의 제조 공정에 끼어들어 독극물이 든 식품으로 변조하는가 하면, 경쟁 기업에 침투하여 개발 정보를 빼내 판매하기도 합니다. 이밖에 인터넷 홈뱅킹 관련 자료를 입수하여 몰래 만들어둔 계좌로 남의 돈을 이체하기도 하지요.

최근에는 피해액이 최대 10억 달러약 1조 1,000억 원에 달하는 최악의 해킹 범죄가 러시아나 미국 등 각지의 은행에서 동시다발적으로 발생해 전 세계의 금융권을 긴장시키고 있습니다. 아시아, 중동, 아프리카, 유럽 등 각지에 퍼져 있는 해커로 구성된 범죄조직 카바낙Carbanak은 최근 2년간 30개국 100개 이상의 은행을 공격했다고 합니다. 공격 대상이 된 은행 대부분은 러시아, 미국, 독일, 중국, 우크라이나 소재인 것으로 알려졌습니다. 이 조직에서 몇 개월간의 학습을 마친 해커들은 관리자 컴퓨터를 원격 제어해 자신들의 가상 계좌에 돈을 입금시키거나, 온라인 결제 시스템을 이용하고 ATM으로 돈을 찾는 시간과 장소를 설정해 인출하는 방식으로 범죄를 저질렀다고 합니다.

2004년, 한 해커가 마이크로소프트의 기업 네트워크에 침투해 윈도우2000의 소스 코드source code*를 빼내는 데 성공했습니다. 이후 코드는 온라인에 공개됐고, 마이크로소프트는 범인을 잡는데 실패했죠. 또 2011년 잉글랜드 요크대학교의 글렌 맹험Glenn Mangham이라는 학생은 직원 계정을 통해 페이스북 네트워크에 침

• • •

소스 코드 : 디지털 기기의 소프트웨어 내용을 프로그래밍 언어로 나타낸 설계도다. 완성된 소스 코드를 컴퓨터가 이해할 수 있는 기계 언어로 변환하면 실행 가능한 소프트웨어가 형성된다. 이 소스 코드가 공개될 경우 기업의 개발 기밀이 드러나기 때문에 제품의 지적재산권 침해 및 시장 질서에 부정적 영향을 끼칠 수 있다.

입해 소스 코드를 탈취하려는 시도를 벌였습니다. 이후 페이스북 측으로부터 기소당한 맹험은 코드의 취약점 분석을 위해 네트워크를 침입한 것이라 주장하며 "허락보단 양해를 구하고 싶다." 선처를 호소했지만, 결국 실형을 받고 말았죠.

버락 오바마 대통령은 사이버 공격을 감행한 국가나 개인에게 경제 제재를 할 수 있다는 행정 명령을 발표했습니다. 최근 빈번하게 벌어지고 있는 사이버 공격을 국가안보에 심각한 위험을 초래하는 '국가 비상 상황'으로 규정하고 강도 높은 제재 의지를 표출한 것입니다.

블랙 해커에서 화이트 해커로 ●●●

전 세계적으로 이름을 날린 해커 중에는 존경받는 해커도 있고, 감옥에 다녀온 해커도 있습니다. 유명한 해커 몇 명만 알아봅시다. 케빈 미트닉Kevin Mitnick은 미국 FBI 영구 수배 리스트에 오른 최초의 해커로 잘 알려진 인물입니다. 그는 악의적인 해킹을 한 죄로 복역하다가 출옥해 다시 해킹을 한 상습범으로 유명합니다. 어린 시절 불우한 가정환경으로 PC가 없었음에도 불구하고 고장난 라디오를 수리하고 모뎀을 부착해 1대 1 컴퓨터 접속을 시도하는 획기적인 해킹 방법을 고안한 인물로도 유명하지요.

그는 1980년대 DEC, 모토로라, 노키아 등 당시 대형 IT 기업

의 네트워크를 마치 자신의 집처럼 드나들며 소스를 훔쳐냈죠. 또 FBI에게 쫓기면서도 FBI 전산망에 들어가 요원들 사이에 전달되는 정보를 빼낼 정도로 대담했습니다. 결국 1995년 2월에 체포됐고 5년 동안 감옥생활을 했지만, 현재는 미트닉 시큐리티 컨설팅의 최고 경영자로 활동하고 있습니다. 이제는 뛰어난 능력을 좋은 곳에 쓰고 있으니 참 다행이지요. 케빈 미트닉을 모티브로 한 〈테이크 다운Take down〉이라는 영화를 보면 그에 대해 더 자세히 알 수 있습니다.

케빈 파울선Kevin Poulsen은 컴퓨터와 모뎀을 이용해 미국 LA로 들어오는 모든 전화선을 장악하여 방송국 경품을 휩쓴 사건으로 유명한 해커입니다. 1992년 그는 메일, 전화선, 컴퓨터 사기, 돈

세탁, 라디오 방송국 업무 방해, 전파 방해 등의 죄목으로 유죄 판결을 받았으며 미국 산업 스파이 명단에 오른 최초의 해커로 기록되었습니다.

로버트 모리스Robert Morris는 1988년에 발표한 일명 '모리스 웜'으로 불리는 해킹 프로그램, '인터넷 웜Internet Worm'을 발표했습니다. 미국에서는 모리스 웜을 계기로 해킹에 대한 심각성을 깨달아 국가적인 해킹 사고 대응법을 준비하는 계기가 되었지요. 그는 24살 때 웜 바이러스로 미국 항공우주국과 국방부 등에서 6,000대 이상의 PC를 마비시켜 법률상의 처벌을 받았습니다. 그는 당시 모든 10대 해커들의 우상이었지요.

화이트 해커로 명성이 높은 리처드 스톨만Richard Stallman은 현재의 리눅스가 오픈 소스로 공개되는 계기를 만들었습니다. 리처드 스톨만은 '해커들의 대부'로 잘 알려진 1세대 해커입니다. 1971년 하버드 대학의 신입생이었던 스톨만은 MIT 인공지능연구소의 연구원으로 발탁되면서 해커의 길을 걸었습니다. "소프트웨어는 개인 재산이 돼서는 안 된다."라는 자유 소프트웨어 개념을 주창했고, 공개 소프트웨어 재단FSF을 설립하기도 했지요. 그는 카피레프트copyleft를 주장했는데 카피레프트란 카피라이트copyright의 반대말로 사용 제한에서 정보 공유를 위한 조치, 즉 지식과 정보는 모든 사람에게 열려 있어야 한다는 모토를 의미합니다.

블랙 해커든 화이트 해커든 해커가 전 세계적으로 많이 등장해 이에 대한 국가적 차원에서의 대응이 강화되고 있습니다. 2015년에는 세계 최고 해커를 뽑는 해커들의 올림픽인 '코드게이트Codegate'가 한국에서 열렸는데, 이는 세계 최대 규모의 해킹 방어 대회이지요. 이 대회에 참가하는 해커는 사회적 기간망을 파괴하며 혼란을 야기하는 블랙 해커를 잡는 화이트 해커입니다. 화이트 해커는 고도의 컴퓨터 전문가로 해킹 방어 전략을 구상해 이들의 날카로운 '창'으로부터 정보를 보호하는 '방패'와 같은 역할을 합니다. 현재 진행되고 있는 국가적인 해킹 대응 체계 구축에서 가장 절실하게 필요한 것이 바로 화이트 해커이지요.

예선에 4인 1조로 참여한, 1,540팀 중 한국 3팀, 중국 2팀과 미국, 폴란드, 베트남, 덴마크, 러시아에서 참여한 총 10개 팀이 본선 진출 티켓을 거머쥐었습니다. 20시간 동안 세계 최고 해커 자리를 놓고 사이버 전투를 벌인 결과 중국이 우승을, 2014년에 우승했던 미국은 2위, 덴마크가 3위를 차지했지요. 지금까지 한국이 최다인 3회, 미국 2회, 스웨덴과 러시아가 각각 1회씩 우승팀을 배출했습니다.

해킹은 아무나 할 수 있는 게 아닙니다. 뛰어난 실력이 있어야 하죠. 세상을 아름답게 하는 일에, 유용한 일에 자신의 실력을 쓰는 멋진 해커가 늘어나길 기대합니다.

기술에 대한 책임의 몫 ● ● ●

신기술 개발 뒤 초기 단계에는 그것이 사회에 끼칠 영향에 대해 잘 예측하지 못합니다. 처음 개발 목적과는 아예 다른 모습으로 사회에 적용할 때도 있고, 개발 의도에서 벗어나 부작용이 발생될 때도 있지요. 다이너마이트를 발명한 노벨은 이것이 세계 평화를 가져올 것이라고 기대했지만, 실제로는 대량 살상 무기로 쓰였죠. 인터넷이 처음 등장했을 때에는 인터넷이 새로운 소통과 통신의 도구로 역할을 해 세계 평화를 가져올 것이라 기대했습니다. 당시에는 국가 간의 소통 단절과 이해 부족이 전쟁을 일으키는 데 영향을 미쳤기 때문이죠. 하지만 초기 인터넷의 개발 목적과는 다르게 쓰임새가 점차 변동되었습니다. 인터넷과 스마트폰의 영향력은 제대로 파악하기 어려울 정도로 그 영역이 확산됐지요. 인터넷이 탄생된 의도와 그 이후 나타날 긍정적인 기대와 더불어 예상치 못한 문제도 발생하고, 또 대책을 위해 여러 해결방안도 나오고 있습니다. 네트워크가 발전하면서 생긴 부작용은 해킹뿐만이 아닙니다. 모든 기술이 의도와 목적대로 흘러가지 않고 사회에 해악을 끼치는 사건이 발생하면, 그때는 누구의 책임인지 분명히 해야 합니다.

　새로운 기술이 등장하면 새로운 법률도 만들어져야 하지요. 사회에 해가 되고 악용할 수 있는 가능성에 대해 항상 대비해야 합니다. 하지만 IT 기술로 인한 부작용을 예측하고 책임 소재를 묻기란 쉬운 일은 아닙니다.

예를 들어, 무인카가 오작동되어 사고가 난다면 누구의 책임인 걸까요? 무인카를 만든 회사나 GPS 위성을 소유한 미국의 책임일까요? 무인카를 허가한 국가에 책임을 물을 수도 있고, 무인카의 주인이 가장 큰 책임을 져야할 수도 있을 것입니다.

앞에서 IoT 에 대해 언급했지요. 머지않아 사람과 사물, 사물과 사물이 연결되어 정보를 주고 받는 초연결사회가 펼쳐질 것입니다. 세상 모든 디지털 기기가 연결되고 정보를 공유한다는 것은 개인 정보 하나하나가 모두 웹상에 기록된다는 뜻입니다. 언제 어디서 무엇을 하는지 나의 위치와 생활 패턴 전부 말이죠. 세상의 모든 디바이스는 해킹당할 가능성이 있지요. 나의 사생활이 전부 드러날 수 있어요. IoT가 우리 삶으로 들어오려면 사생활 보호와 정보 보안 등 윤리적 측면에서의 대응책을 확실히 마련해야 합니다.

국가를 넘어 세계적 차원에서 기술이 평등한지, 우월한 IT 기술을 가진 나라가 그렇지 못한 나라를 지배할 수 있다는 문제에 대해서도 짚어봐야 합니다. 우리나라처럼 최신 기술에 대한 관심은 높지만 아직은 지원이나 기술력이 미비한 국가가 훨씬 많이 있습니다. 기술력이 좋은 나라가 기술력이 부족한 나라를 장악하면 세상은 점점 더 불공평해지겠죠. 이를 '기술 격차'라고 합니다.

아직도 아프리카 등지의 몇몇 나라는 사이버 세상의 존재조차 알지 못합니다. 범지구적 관점에서는 어디에 사는지와 관계 없이 모두에게 공평하게 기술의 혜택이 돌아가야 하지 않을까요? 마이크로소프트의 창립자 빌게이츠가 세운 재단에서도 전 세계가 가상세계 기술을 똑같이 누릴 수 있도록 노력한다고 합니다. 이처럼 인프라 지원 등을 통해 전 세계인 모두가 기술의 혜택을 누릴 수 있도록 돕는 일이야말로 공공의 선으로 나아가는 길이 아닐까요? 지금 우리에게는 기술에 대한 좀 더 깊이 있는 생각과 세상의 변화를 올바르게 바라볼 수 있는 혜안이 필요합니다.

4장

소프트웨어, 별거 아니야

미래의 직업으로 가는 프로그래밍 첫 걸음

로봇과 인공지능이 인간의 노동력을 대체하는 미래에, 살아남을 직업은 무엇이 있을까요? 2015년 1월 5일자 워싱턴포스트는 하버드대학교의 하워드 가드너(Howard Gardner) 교수의 저서 《미래를 위한 다섯 가지 생각》을 인용하며 '10년 후에도 살아남는 직업 고르기 노하우'라는 기사를 실었습니다. 미래에는 로봇이 대신 할 수 없는 형이상학적인 직업이 살아남을 가능성이 크다고 했지요. 이를 테면, 누군가의 마음을 감동시키는 스토리를 만들거나 예술을 창조하는 속성의 일들 말이죠. 워싱턴포스트가 기사를 통해 강조한 부분 중 하나는 뉴미디어를 마음대로 다룰 수 있는 능력이 점차 중요해진다는 것이었어요. 매일 쏟아지는 엄청난 정보의 홍수를 걸러낼 수 있는 정보처리 능력과 가상 환경(virtual environments)을 다룰 수 있는 능력이 있다면 더욱 좋다고 했죠. 이러한 특성과 어울리는 직업으로는 정보보안 전문가, 빅데이터 분석가, 인공지능·로봇 전문가, 모바일 애플리케이션 프로그래머 등이 있습니다. 바로 소프트웨어의 발달로 생겨난 직업들이지요. 소프트웨어의 힘이 점점 더 강해지고 있는 시대에, 소프트웨어가 일자리에 어떠한 영향을 주고, 어떤 새로운 일자리를 만들어낼지 생각해볼까요?

소프트웨어 시대에서
살아가기

 한빈이의 하루

진로의 날을 맞아 학교에서는 진로 특강을 열었다. 초정 강사님은 현재의 수많은 직업이 사라지고, 재정의되거나 새롭게 생겨나는 직업이 많아질 거라 하셨다. 나는 한국사 선생님이 되고 싶다. 시간이 날 때면 역사를 어떻게 배우면 재미있을까를 생각해보기도 한다. 작은 교실이 고구려 유적지로, 일제 강점기의 독립 운동 시대로 변하면 얼마나 흥미롭게 역사를 공부할 수 있을까. 그래, 내가 이런 가상 환경을 만드는 소프트웨어를 다룰 수 있는 선생님이 된다면 좋겠다!

이것 말고도 학생들이 역사를 공부할 때 어떤 개념에서 막히는지,

어떻게 개념을 설명하면 효과적인지 알려주는 프로그램도 있으면 무척 좋을 것 같다. 수업이 개별화되어 각자의 속도로 이해하도록 도와주는 프로그램이 생긴다면 좋겠다. 잠깐, 이렇게 되면 내가 어른이 됐을 땐 정작 프로그램 선생님, 인공지능 로봇 선생님이 내 밥그릇을 차지하게 되는 건 아닐까?

누구나 직접 물건을 만드는 메이커 시대 – 제조업 •••

산업혁명 이후부터 제조업에서는 자동화된 기계가 사람들의 일자리를 빼앗아 왔습니다. 일하는 사람이 한 명도 없는 '무인공장'이 일반화될 것이라는 예측도 점차 현실화되고 있지요. 또 평범한 사람들도 어느 누구나 자신의 집이나 작은 사무실에서 3D프린터를 이용해 원하는 제품을 직접 생산할 수 있는 시대가 왔습니다. 예전에는 뛰어난 아이디어가 있어도 공장을 짓지 못하거나 자금을 확보하지 못하면 제품 출시를 포기하는 경우가 많았는데 말이죠. '1인 제조업 시대'가 열렸다고 해도 과언이 아닙니다. 취미와 전문성이 한데 얽혀 스스로 자급자족하는 커뮤니티도 생겨나고, 소규모로 생산한 제품을 원하는 수요자와 연결해주는 마케팅 채널도 생겼습니다.

다시 말해 3D프린터라는 소프트웨어가 새로운 수요와 공급을 만들고, 제조업의 한계였던 공간과 거리의 제약에서 벗어나 수요자를 위한 맞춤형 생산도 가능해진 것입니다. 평범한 주부가 블로그와 인터넷 쇼핑 플랫폼을 이용해 자신만의 판매 통로를 만들어 소매업자가 될 수 있는 것처럼, 처음에는 취미 혹은 일상의 작은 불편을 스스로 해결하기 위해 무언가를 만들었던 평범한 1인 DIY 마니아가 단숨에 기업가로 변신하는 일이 흔해졌습니다.

이밖에 3D프린터 재료 전문가, 설계 엔지니어, 3D프린터로 음식을 만드는 요리사, 3D 패션디자이너 등 새로운 직업이 생길 수도 있겠네요. 이렇게 제조업 분야가 변화하면서 꿈꿀 수 있는 직업의 종류들이 더 많아지고 있답니다.

누구나 콘텐츠를 생산하는 시대 – 방송과 출판, 미디어 ●●●

특종이 터지면 기자와 카메라 기자 등 최소 3명의 스태프가 현장으로 나가 취재를 하고 촬영해 방송사로 전송합니다. 현장에서 바로 스마트폰으로 찍어서 트위터나 페이스북으로 전송해 공유하는 1인 리포터보다 훨씬 시간이 오래 걸리지요. 취재와 편집은 스마트폰과 셀카봉만 있으면 누구나 할 수 있는 일이 되었습니다. 비싸고 거대한 방송 장비 없이도 대규모 행사를 현장에서 스

기사는 이렇게 쓰면 돼

오

케치하거나 속보성이 강한 사건 사고 현장에서 더 빛을 발하지요. 우리 스스로가 1인 미디어가 된 시대인 셈이죠.

책을 만들거나 사진 작품집을 만들 때에도 특정 프로그램만 있으면 자신만의 콘텐츠를 편집하고 바로 인쇄해서 만들 수 있습니다. 또 방송이나 출판이 일방향의 서비스가 아니라 쌍방향으로 진화되어, 작가와 독자가 콘텐츠를 함께 만들어갈 수 있게 되었지요.

통신 매체의 발달은 정보 교류를 활성화하고 방대한 양의 자료를 정보로 가공해낼 수 있는 기반을 만들었어요. 미래의 방송국에선 글을 쓰는 기자에게 스마트 기기를 잘 다루는 능력을 필수적으로 요구하게 될 수도 있어요. 드론이 사건 현장을 누구보다 빠르게 취재해 정보를 전송하고, 로봇 기자가 그것을 받아 인간 기자 옆에서 기사를 쓰면 될 테니까요. 현재 활동하고 있는 로봇 소설가나 로봇 기자에게 일자리를

내가 더 잘 쓰는 걸 어쩌겠나

빼앗기지 않으려면, 직업적 전문성을 가지기 위해 어떤 노력을 더 해야 할까요? 기자나 작가를 꿈꾸는 친구라면, 이 질문에 대해 고민해보아야 할 거예요.

전문직을 더욱 전문화하라 – 금융과 의료, 교육 및 서비스업 ●●●

경제학의 기본이 수학이듯 각종 금융과 보험 상품은 여러 가지 통계 자료와 변수를 계산해 설계됩니다. 금융계 종사자들은 개인 대 개인의 거래뿐 아니라 국가 경제나 세계 경제 수준의 거시 경제도 시뮬레이션 프로그램을 돌려 흐름을 예측하기도 하지요. 뉴욕 증권 거래소는 더 이상 시끌벅적 분주하지 않습니다. 객장 내 사람이 사라진 것은 2007년부터입니다. 소프트웨어가 정한 규칙에 따라 호가呼價* 를 만들고 주식을 거래하는 행위를 일컫는 용어인 로봇 트레이딩trading, 또는 알고리즘 트레이딩이 행해지기 시작했죠. 이미 증권시장은 로봇들의 전쟁터이지요. 뉴욕 증권 거래소 거래량 중 75% 이상이 로봇에 의해 거래되고 있고, 국내 증권 시장도 로봇 트레이딩이 보편화되어 있습니다. 트레이딩 로봇은 증권 시장에 넘쳐나는 데이터를 먹고 삽니다. 데이터가 많으면 많을수록 정확한 의사결정이 가능하지요.

● ● ●

호가 : 증권 시장에서 거래원이 고객의 주문에 따라 표시하여 전달하는 매도·매수의 가격.

그럼 의약이나 보건 분야는 어떨까요? 각종 증상과 약품 정보, 유행하는 질병 등의 자료를 데이터베이스화하는 것만으로도 발전에 큰 도움이 되겠지요. 의사보다 더 정확하게 병명을 진단하고, 최적의 치료법을 찾아내는 인공지능 프로그램을 개발 중입니다.

IBM이 만든 로봇, 왓슨이 이미 시험적으로 활용되고 있지요. 왓슨은 2012년에 뉴욕 한 병원의 암 센터에서 레지던트 생활을 하며 폐암 환자를 진료하는 법을 배웠고, 백혈병 환자를 진료하는 훈련을 받았다고 합니다. 머신 러닝을 통해 방대한 양의 의학 논문과 임상 시험과 가이드라인을 학습하게 했지요. 2년 뒤인 2014년 의사로서의 '닥터 왓슨'의 실력이 공개되었습니다. 200명의 백혈병 환자를 대상으로 왓슨이 내놓은 치료법을 실제 의사들의 판단과 비교했을 때, 정확도가 82.6%에 이르렀습니다.

웨어러블 기기가 환자의 신체 지표를 실시간으로 체크해 뇌졸중이나 혈당쇼크 등을 미리 감지하고 예방할 수 있는 날이 머지않았습니다. 전문의를 바로 만날 수 없는 먼 지역에 사는 환자를 원격으로 진료하거나 로봇 프로그램을 이용한 원격 수술이 가능해지면 더 많은 생명을 구할 수 있게 될 것입니다.

변호사, 세무사, 회계사 등의 전문직도 그 직종에서 요구되는 지식을 데이터화해 놓으면 인간이 하는 것보다 훨씬 효율적으로 데이터를 검색하고 분석해서 훌륭하게 그 일을 처리할 수 있게 되지요. 이러한 변화의 중심에도 소프트웨어가 자리하며 핵심적인 역할을 하게 될 것입니다.

소프트웨어가 만들 미래 일자리 ● ● ●

2013년, 옥스퍼드 마틴 스쿨의 연구팀은 미국 내에 존재하는 702개 직업을 컴퓨터가 대체해 일자리의 약 47%가 10~20년 내에 사라질 것이라고 발표했습니다. 하지만 '일자리'는 사라지지만 '일거리'는 사라지지 않습니다. 변화한 시대에 맞는 새로운 직업과 산업군이 탄생하게 될 테니까요. 사람이 필요 없는 분야가 많아지겠지만, 사람이 해야 하는 일이 없어지는 것은 아닙니다. 직업은 시대나 산업 구조의 변화 속에서 사라지고 또 태어납니다. 10년 전 '스마트폰 애플리케이션 프로그래머'라는 직업이 탄생할 것이란 걸 아무도 예측하지 못했듯이 말이죠.

지금은 많은 사람들이 선호하고 유망 직종으로 꼽히는 분야라고 하더라도 몇 십 년 후에 존재하고 있을지의 여부는 그 누구도 확신하지 못합니다. 미래 산업의 변화와 발전가능성을 고려해 직업을 찾아 나서야 하는 것은 어찌 보면 당연한 숙명인지도 모릅니다. 중요한 것은 자신의 관심 분야를 찾고 전문성을 키워 그것에 더해 시대의 변화에 발맞춘 기술과의 접목을 꾀하는 일입니다.

예를 들면, 현실과 가상세계를 합쳐 특별한 영상으로 보여주는 증강현실 전문가, 대량의 데이터를 모으고 분석하는 데이터 과학자처럼 말이죠.

〈유엔미래보고서 2025〉에서는 로봇 및 컴퓨터공학, GPS, 정밀센서, 전자제어 등 기술을 종합해 무인자동차를 설계하고 개발하는 '무인자동차 엔지니어'라는 직업이 출현할 것이라 예측했습니다. 모바일이나 인터넷망으로 관계를 맺는 초연결 시대에서 자신을 나타내는 아바타가 중요해질 것이고, 아바타와 문제를 겪는 사람들의 고민을 해결하는 '아바타 관계 관리자'라는 새로운 직업도 언급했습니다.

또 가까운 미래에 가정용, 산업용 로봇이 널리 퍼지면 때와 상황에 적절한 로봇을 추천해주는 '로봇 카운슬러'라는 직업도 등장할 수 있겠지요. 연필 한 자루부터 냉장고, 벽까지 세상의 모든 것이 하나의 네트워크로 연결돼 정보를 주고받으며 효율적으로 소통하는 IoT 시대가 오면 마케팅, 홍보, 무역, 유통 등 모든 산업에서 일하는 방식과 업무가 바뀌리라는 것은 쉽게 예측 가능합니다.

여러분이 살 미래에는 전통적인 직업이 더욱 더 소프트웨어와 결합된 형태로 변화할 것입니다. 가치를 창조하는 일, 모방이 어려운 일을 해야 소프트웨어가 진보해도 계속해서 자신의 커리어를 이어나갈 수 있겠죠. 내가 원하는 직업을 시대에 맞는 나만

의 무기를 가지고 업그레이드하려면 프로그래밍에 대한 이해가
필요합니다. 논리적 사고와 알고리즘으로 표현하는 방법을 배우
면, 프로그래밍에 대한 낯설음과 두려움도 없앨 수 있습니다.

프로그래밍 세계에
첫발을 내딛다

 한빈이의 하루

며칠 후 학교에서 프로그래밍 수업을 한다고 한다. 선생님께서 미국 버락 오바마 대통령의 연설 영상을 보여주셨다. 오바마 대통령은 "비디오 게임을 사지만 말고 직접 만드세요. 새로 나온 애플리케이션을 다운로드만 하지 말고 함께 디자인하세요. 휴대폰을 갖고 놀지만 말고 프로그램을 만드세요."라며 소프트웨어 교육을 강조했다. 미국에서는 "게임을 하는 아이에서 만드는 아이로!"라는 슬로건에 따라 프로그래밍 교육 열풍이 불고 있다고 한다. 스티브 잡스 또한 프로그래밍이 생각하는 법을 가르쳐주기 때문에 모든 국민이 배워야 한다고 말했다.

최신 IT 기기를 먼저 만나보는 것도 좋고, 프로그래밍도 아직 신기하고 흥미롭긴한데, 그런 수업이 생기면 뭔가 지루하고 재미없지 않을까 하는 걱정이 앞선다. 갑자기 왜 모든 사람들이 미래에 어떤 직업을 선택하든지 상관 없이 소프트웨어를 이해하는 능력을 가져야 한다고 하는 걸까.

프로그래밍은 천재들만 할 수 있을까? ● ● ●

18세기 말, 산업혁명 시기에 영국의 농촌 인구 대부분이 새로운 일을 하기 위해 도시로 모여 들었습니다. 농촌의 농부와 달리 도시의 공장 노동자들에게 요구되는 능력은 전혀 다른 것이었죠. 일을 시작하고 끝내는 시간을 읽을 수 있어야 했고, 길이나 수치를 재 눈금을 읽거나 물건의 수량을 더하고 빼는 계산 능력이 필요했습니다. 산업 사회가 점차 고도화될수록 수치적이고 논리적이며 정량적 사고를 가진 사람이 더 필요해졌지요. 산수에서 나아가 복잡한 '수학'을 할 줄 아는 사람이 필요해졌습니다. 그러면서 수학은 학교에서 꼭 배워야 하는 교과목이 되었지요.

영어도 수학과 마찬가지였어요. 지금의 10대를 기준으로 했을 때, 이들의 부모 세대만 하더라도 세계화의 흐름으로 영어를 필수로 교육받았습니다. 하지만 그 이전 세대인 조부모 세대만 하더라도 영어는 중요한 과목이 아니었어요. 지금의 10대들에겐 어떤가요? 영어는 기본 중의 기본이 되었고, 중국어나 일본어 등의 제2외국어까지 중시되고 있지요.

왜 그럴까요? 외국어를 알면 어떤 점이 좋은가요? 외국어를 알면 그 나라 또는 그 언어권의 문화가 좀 더 쉽고 친근하게 다가오지요. 유튜브나 인터넷에 올라와 있는 정보를 검색해서 궁금한 것을 찾을 때 그와 관련된 언어를 알고 있으면 손쉽게 정보를 얻고 잘 활용할 수 있지요.

마찬가지로 우리가 공부해야 할 21세기 공용어는 코딩을 하기위한 프로그래밍 언어가 될 거라고 예측합니다. 지금은 정보화시대이기 때문이에요. 정보를 생산하고 파는 디지털 세상에서는 의미 있는 정보를 연결하고 융합시켜 새로운 가치를 만드는 사람이 리더가 됩니다. 컴퓨터와 인터넷의 발전이 이루어낸 사물인터넷IoT과 거기에서 더 나아가 '모든 것의 인터넷 시대IOE'가 오면 여러분을 둘러싼 환경과 정보를 교환하고 사물과 효율적으로 협업하게 되겠지요. 모든 것이 컴퓨터를 기반으로 해서 돌아가는 세상에서는 컴퓨터와 소통하는 능력이 필수이기 때문에 어릴 때부터 자연스럽게 소프트웨어에 대해 알고 접하는 것이 좋겠지요.

배워야 할 과목이 하나 더 늘어나서 속상하다고요? 프로그래머가 될 것도 아닌데 왜 배우냐고요? 소프트웨어를 배워 꼭 프로그래머가 되어야 하는 것은 아니에요. 학교에서 체육을 배운다고 운동선수가 되거나 수학을 배운다고 수학자가 되는 게 아니듯 말이죠.

소프트웨어를 배운다는 건 '컴퓨팅 사고Computational Thinking'를 배우는 것입니다. 컴퓨팅 사고란, 컴퓨터 과학의 원리와 문제해결 방법을 이용해 복잡한 현실 세계의 문제를 다루는 사고 과정을 말합니다. 미래 사회에서 우리는 지금보다 훨씬 더 복잡하고 다양한 문제를 만나게 될 거예요. 이런 문제를 해결하기 위해 복잡한 문제를 단순화하고, 구조화할 수 있는 능력이 필요해지죠. 이런 능력은 프로그래머나 컴퓨터 과학자뿐 아니라 모두가 갖추어야 하는 능력입니다. 앞으로 여러분들은 컴퓨팅 사고를 통해 일상생활 뿐 아니라, 모든 학문 영역과 상황에서 요구되는 문제를 논리적이고 과학적으로 해결할 수 있어야 합니다.

소프트웨어로 세상을 바꾼 스티브 잡스나 페이스북 창립자 마크 저커버그Mark Zuckerberg도 어린 시절부터 프로그래밍 교육을 받으며 창의력, 사고력, 논리력을 키웠다고 하죠. 그런데 이들의 이름을 듣고 나면, '프로그래밍은 천재들만 하는 거 아닌가? 그 사람들은 특별해서 그렇게 할 수 있었던 것은 아닐까? 과연 내가 프로그래밍을 할 수 있을까?' 하며 주눅이 들 수도 있어요. 정말 프로그래밍은 천재들만 할 수 있는 걸까요? 그렇지 않습니다.

누구나 마음만 먹으면 재미있게 배울 수 있는 게 프로그래밍이
지요.

컴퓨팅 사고력을 배우다 ●●●

'컴퓨팅 사고'란 인간의 사고하는 능력을 무언가를 읽고 쓰고 셈
하고 기억하는 단순한 차원에서 좀 더 복잡한 차원으로 끌어올
리는 효율적인 방법입니다. 무슨 말인지 어려울 테니 사례를 들
어 이야기해볼게요.

〈나 홀로 집에〉라는 영화를 본 적이 있나요? 주인공 꼬마는 크
리스마스에 집에 혼자 남게 되었는데, 그 집을 노리고 있던 도둑
들로부터 집을 지켜냅니다. 집을 지켜내는 과정이 참 흥미롭지
요. 주인공은 낯선 남자들의 행동을 관찰해서 문제를 발견합니
다. 그리고 평소 알고 있던 지식을 총동원해서 무슨 일이 일어나
고 있는지 추론하죠. 도둑들의 행동을 관찰해서 침입 경로를 예
측하고, 만약의 경우를 모두 생각해 집 안팎 곳곳에 덫을 설치합
니다. 설계도처럼 그림까지 그려가면서 하나하나 준비해둔 덫
에, 조금은 모자라 보이는 두 명의 도둑이 걸려들어 비명을 지를
때면 관객의 웃음이 터지지요. 주인공이 '집에 침입한 도둑'이라
는 문제를 해결하기 위해 벌이는 행동이 바로 '컴퓨팅 사고'의 결
과라고 볼 수 있습니다. 문제해결을 위한 구조 디자인과 인간 행

동에 대한 이해를 포괄하는 개념이지요.

이번엔 게임을 예로 들어 볼까요? 게이머가 다음 단계로 넘어가기 위해 열심히 전략을 짜고 패턴을 연구하고, 어떤 아이템이 필요한지 어느 쪽으로 가면 어떤 상황이 발생하는지 등 기존의 방법을 써보기도 하고, 나름대로 생각한 새로운 방법을 시도하기도 하며 게임을 할 것입니다. 이런 상황에서도 마찬가지로 '컴퓨팅 사고'가 이루어지고 있다고 생각할 수 있습니다.

이제 좀 감이 왔나요? 컴퓨터는 문제를 해결할 때, 우선 데이터를 수집하고 그것을 분석합니다. 그리고 그것을 간단한 방법으로 표현하고, 문제를 작은 단위로 분해하고 추상화하지요. 그 다음에 자동화 과정을 통해 사람이 할 수 있는 것보다 훨씬 더 빠른 속도로 정보를 처리하여 해답을 내놓습니다. 마찬가지로 여러분이 프로그래밍을 배우면서 여러 가지 과제를 해결하는 방법을 견줘 보고 하나씩 실행해볼 때, 새로운 시도를 겁내지 않는 창의력과 문제해결력을 키울 수 있다고 믿는 것입니다.

문제를 해결하는 과정, 알고리즘 ●●●

우리가 살고 있는 세상은 온통 문제투성이입니다. 여기서 문제란 것은 불편한 상황은 물론 바뀌었으면 좋겠다고 생각하는 모든 상황들을 말합니다. 나와 내 친구 혹은 부모님과의 관계 문제도 있고, 우리가 살아가는 사회에 산적한 수많은 문제도 있습니다.

첫 번째로 중요한 것은 무엇이 문제인지 문제 상황을 정확히 인식하는 것입니다. 아침잠이 많은 누군가는 알람시계가 한 번만 울리고 꺼지는 것이 문제라 생각하고, 주차를 잘하지 못하는 누군가는 주차할 때마다 시간이 많이 걸리는 것이 문제라고 생각합니다.

사람이라면 누구나 이런 문제 상황을 해결하고자 하는 욕구가 있습니다. 여러 가지 방향으로 문제 해결 방법을 찾아 나서겠죠. 알람시계를 하나 더 사거나 가족에게 깨워달라고 부탁할 수도 있겠지요. 이를 프로그래밍으로 해결하려고 하는 사람도 있습니다. 100번 흔들어야 멈추는 알람 애플리케이션, 복잡한 수학 계산을 풀어야 소리가 멈추는 알람 애플리케이션 등 IT 기술을 이용해서 말이지요.

이 문제를 IT 기술과 컴퓨팅 사고를 통해 해결하기 위해서는 우선 '알고리즘Algorithm'을 만들어야 합니다. 알고리즘은 일의 우선순위를 정하거나 어떤 상황에서 어떻게 해야 할지 세부적인 조건을 설정하는 일입니다.

예를 들어, 컴퓨터가 라면을 끓인다고 가정해봅시다. 라면을 몇 개 끓일지에 따라 어떤 냄비를 선택하느냐에 따라 그 방법이 달라지지요. 또 짜장 라면, 비빔 라면, 일반 라면 등 어떤 라면 종류인가에 따라 넣는 물의 양도 달라집니다. 물이 끓을 때 면을 먼저 넣을 것인지 스프를 먼저 넣을 것인지도 알려줘야겠지요. 개인의 취향에 따라 계란을 넣을지 말지 등도 달라질 것입니다. 알고리즘을 설계하면 이제 직접 컴퓨터가 알아들을 수 있는 형태인 프로그래밍 언어로 코딩을 하면 됩니다.

소프트웨어를 만드는 과정도 위와 같이 이루어집니다. 문제상황을 인식하고, 컴퓨팅 사고를 통해 문제 해결 방법을 찾고, 논리적으로 알고리즘을 설계하여 프로그래밍 언어로 코드를 만드는 것을 말합니다. 작가가 글을 쓰는 것처럼 프로그래밍을 하는 것도 하나의 세계를 탄생시키는 창작 행위이지요. 소프트웨어를 알고 이해한다는 건 시대에 필요한 것을 적극적으로 풀어낼 수 있는 최소한의 기술적 능력을 갖추는 일입니다.

생활 속 알고리즘과
프로그래밍

친구들을 초대해 떡볶이와 스파게티를 해먹었다. 엄마가 노트에 적어준 알고리즘대로 떡을 불리고 고추장을 풀었는데, 이런! 파가 없다. 이건 예외 상황인데? 그러나 엄마의 알고리즘은 완벽했다. 파가 없으면 양배추나 양파를 대신 넣어도 된다고 적혀 있다. 맛있게 먹고 놀다 보니, 부모님께서 도착하시기 1시간 전. 친구들을 빨리 보내고 주위를 둘러보니 거실이 난장판이고, 부엌엔 설거지가 잔뜩 쌓여 있다. 엄마는 왜 청소 알고리즘은 짜놓지 않은 걸까? 청소 알고리즘이 있다면 고민하지 않고, 로봇이 된 것 마냥 순서대로 싹싹 치울 텐데. 어떻게 치워야 가장 빨리 치울 수 있는지 머릿속은 여러 방법을 떠올리느라 바쁘다. 그중 가장 효율적이면서도 깨끗이 치울 수 있는 방법을 찾아내 그것을 선택하고, 행동에 옮겨야 한다.

순서도 만들기 ● ● ●

순서도Flowchart는 알고리즘을 표현하고 문제를 해결할 때 처리할 일의 순서를 한 단계씩 구분해 약속된 도형으로 한눈에 들어오게 표현한 그림을 말합니다. 수학 시간에도 논리적으로 문제를 풀기 위해 순서도를 사용하지요. 순서도는 사무의 간소화나 합리화를 위해서도 실제로 많이 사용되고 있습니다.

　문제해결을 위한 논리적인 순서만 확립되면, 다양한 종류의 컴퓨터 언어를 이용해 프로그램을 작성하는 건 사실 그리 어렵지 않습니다. 각각의 프로그래밍 언어는 사용하는 문법이 다르지만 이것을 유도하는 논리적인 방식에는 차이가 없기 때문이죠.

　순서도는 프로그램의 기본이 되는 표현 방법으로 언어와 무관하게 공통적으로 사용됩니다. 프로그램을 만들 때, 문제를 처리하는 순서와 흐름이 무엇보다 중요하기 때문에, 이 순서도를 얼마나 잘 작성하느냐의 여부가 우수한 프로그램이 되느냐의 조건과 직결됩니다.

순서도는 누구나 이해할 수 있는 약속된 기호로 표현되어야 합니다. 순서도를 보면 논리 구조의 흐름을 이해하기 쉽습니다. 그래서 논리적인 오류를 쉽게 찾을 수 있죠. 다른 자료보다 이해도가 빠르고 문제 처리 과정을 한눈에 파악할 수 있습니다. 순서도의 기호로는 아래와 같은 것이 있습니다.

순서도 기호

기호	의미	기호	의미
	시작, 끝을 알림		어느 것을 택할 것인지를 판단
	데이터 입력, 계산 등을 처리		선택한 값의 인쇄

순서도에서는 흔히 '예$_{yes}$'와 '아니오$_{no}$'로 '분기'를 나눌 수 있습니다. 문제를 처리하다 주어진 조건을 비교 및 판단해 그 결과에 따라 서로 다른 처리를 행하는 것이죠. 다음의 순서도를 봅시다.

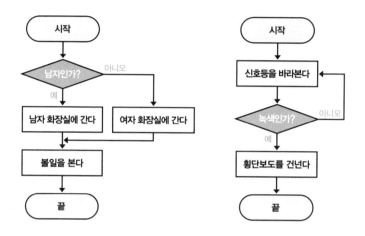

　이처럼 순서도에서는 주어진 조건이 만족될 때까지 특정 과정을 계속 반복해서 수행하는 구조가 자주 쓰입니다.

　순서도를 그릴 때에는 각각의 수행 과정을 기호 안에 넣고 다음 단계로 가는 화살표를 표시합니다. 모양이 각기 다른 기호는 서로 다른 동작을 나타내지요. 순서도는 복잡하고 대규모의 알고리즘을 표현하지 못한다는 한계점이 있지만 판독이 용이하다는 장점이 있습니다.

등교 알고리즘 짜기 ●●●

자, 그럼 실생활 속에서 알고리즘을 한번 만들어볼까요? 여러분은 아침마다 등교를 하지요. 매일매일 지각하지 않아야 하고 그날 수업 준비물을 가지고 가야 합니다. 그리고 아침은 집에서 먹고 등교해야 합니다. 이 상황을 고려하여 다음과 같은 알고리즘을 순서대로 적을 수 있습니다 아침에 기상한 직후부터 시작해 보죠.

❶ 학교 수업에 필요한 준비물과 용돈을 모두 준비했는지 생각해 보고 가방을 챙긴다.

❷ 시계를 본다.

❸ 시간 여유가 있으면 아침 식사를 한다.

❹ 시간 여유가 없으면 아침 식사를 하지 않고 간식을 챙긴다.

❺ 이를 닦고 세면을 한다.

❻ 일기 예보에 따라 옷을 입는다.

❼ 비나 눈이 오면 우산을 챙긴다.

❽ 부모님께 인사를 하고 집을 나온다.

❾ 시간 여유가 있으면 학교까지 걸어간다.

❿ 시간 여유가 없으면 버스를 탄다.

⓫ 구입해야 할 수업 준비물이 있으면 학교 근처 문구점에서 구입한다.

⓬ 학교 정문에서 선생님께 인사를 한다.

⓭ 1교시 수업을 준비한다.

⓮ 학습 알고리즘을 수행한다.

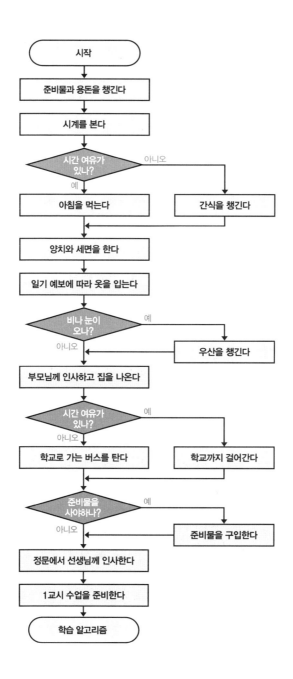

다음은 등교 알고리즘의 조건을 알아봅시다. 등교할 때 생각해야 할 알고리즘의 조건은 우선 지각하지 않아야 한다는 것과 학교 수업에 필요한 준비물을 준비해야 한다는 것입니다. 또 생각해봐야 할 조건은 용돈을 준비해야 한다는 것, 아침 식사를 하고 나가야 한다는 것입니다. 그리고 세면을 하고, 날씨에 따라 옷을 골라 입고 우산을 챙기는 것입니다.

자, 위에서 제시한 순서대로 순서도를 만들어보았습니다. 이것을 자동으로 프로그래밍하기 전에 의사코드pseudo code를 만들어 컴퓨터가 이 명령을 잘 실행하는지 검토해보아야 합니다. 의사코드란, 특정 언어로 프로그램을 작성하기 전에 이해하기 쉬운 간단한 표현 방식으로 알고리즘을 써놓은 코드를 말합니다. 의사코드는 때로 프로그램을 개발하는 과정에서 상세한 단계로 사용됩니다. 특정 문법이나 언어의 제약이 없어 프로그래밍을 모르는 사람도 이해할 수 있습니다. 의사코드는 글이나 말로 풀어서 쓰는 자연 언어와 컴퓨터가 이해하는 프로그래밍 언어의 중간적 형태를 만들어 시스템의 설계나 검토에 사용됩니다.

우리가 평소에 흔히 이용하는 프로그램은 며칠 만에 뚝딱 만들어진 것이 아니지요. 짧으면 몇 개월에서 길게는 수년이 걸리기도 합니다. 예를 들어 카카오톡은 처음에 두 달 동안 4명의 프로그래머가 개발했다고 합니다. 이렇게 프로그램을 개발할 때에는 한 명이 모든 과정을 맡아서 진행하기보다 여러 사람이 나뉘서 일정 부분을 맡아 개발한 후에 최종적으로 합치는 과정을 거칩니다. 이 과정에서 프로그래머들은 단순하게 표현된 의사 코드로 각자 자신이 맡은 부분의 핵심 알고리즘을 빠르고 편하게 공유합니다. 서로가 만든 의사 코드를 보며 좀 더 개선된 알고리즘을 함께 만들어 나가기도 하지요.

의사코드도 조건문으로 다음과 같은 선택 구조를 만들 수 있습니다. 선택구조는 IF – ENDIF 안에 조건을 제시해주면 됩니다.

IF　(조건문) **THEN** ← 조건문이 참이면 실행함.

　(결과값)

ELSE ← 조건문이 거짓이면 실행함.

　(결과값)

ENDIF ← 위의 조건문을 제대로 처리하고 끝낸다는 것을 의미함.

RETURN ← 해당 함수가 종료되고 결과값을 내놓는다는 것을 의미함.

ELSE는 사용할 수도 있고 생략해도 됩니다. 그럼 앞의 등교 알고리즘 순서도를 간략하게 의사코드로 표현해봅시다.

```
START
    수업 준비물과 용돈을 챙긴다.
    시계를 본다.
IF 시간 여유가 있는가? THEN
    아침을 먹는다.
ELSE
    간식을 챙긴다.
ENDIF

    이를 닦고 세면을 한다.
    일기 예보에 따라 옷을 입는다.
IF 비나 눈이 오는 날씨인가? THEN
    우산을 챙긴다.
ENDIF

부모님께 인사하고 집을 나온다.
IF 시간 여유가 있는가? THEN
    학교까지 걸어간다.
ELSE
    학교로 가는 버스를 탄다.
ENDIF

IF 구입할 수업 준비물이 있나? THEN
    준비물을 구입한다.
ENDIF

정문에서 선생님께 인사한다.
1교시 수업을 준비한다.
END
RETURN 학습 알고리즘
```

프로그래밍 언어로 말하기 ●●●

미국인을 만나면 영어로 대화해야 의사소통이 가능하고, 일본인과는 일본어를 해야 하죠. 그러면 컴퓨터랑 대화할 때는? 당연히 컴퓨터가 알아들을 수 있는 언어를 써야겠죠. 이것을 프로그래밍 언어라고 합니다. 많은 사람들이 자주 이용하는 곰플레이어나 포토샵 등의 프로그램에서 사용자가 플레이 버튼을 누르면 영상이 재생되고, 특정 아이콘을 누르면 사진이 하얗게 되지요. 사용자의 명령을 '입력'받아 컴퓨터는 사용자가 원하는 대로 '출력'을 해주어야 합니다. 이 명령을 컴퓨터가 이해할 수 있는 언어로 말해줘야겠죠. 그런데 프로그래밍 언어의 종류는 한두 가지가 아니랍니다. C언어, C++, 자바JAVA, 파이썬Python, 루비Ruby 등 아주 많지요.

이렇게 컴퓨터에게 명령을 내리는 것을 '코드를 작성한다.' 혹은 '코드를 짠다.'라고 합니다. 코드가 간결하고 명확해야 프로그램이 원활히 제 기능을 수행하겠죠? 코드가 잘못 작성이 되어 프로그램이 실행되다가 갑자기 에러가 나서 잘못된 결과가 나타나거나 종료되는 것을 버그Bug라고 합니다. 1944년 하버드대학교에서 '마크Mark Ⅰ'이라는 컴퓨터로 프로그램을 개발한 최초의 프로그래머 그레이스 호퍼Grace Hopper의 이야기에서 탄생한 용어이지요. 호퍼가 '마크Mark Ⅱ' 컴퓨터로 코드를 작성하는데, 자꾸 오류를 일으켰습니다. 알고 보니 컴퓨터에 죽은 나방이 끼어 있었던 거죠. 그때 이후로 프로그램 상의 결함에 의해 컴퓨터 오류나 오작동이 일어나는 현상을 '버그'라고 부르고 있습니다.

프로그래머들이 오류를 찾아 수정하는 것을 디버깅debugging이라고 합니다. 디버깅은 프로그램의 개발 시작 단계부터 서비스하는 내내 계속해야 하는 작업입니다. 왜냐하면 베타 테스트beta test • 기간이나 프로그램이 출시된 이후에도 버그는 여전히 남아 있을 수 있기 때문이지요. 여러분들이 스마트폰 애플리케이션을 이용하다 만약 오류가 생긴다면 프로그래머에게 '버그 신고' 버튼을 눌러 알려주세요. 아마 큰 도움이 될 겁니다.

사람들의 생활을 윤택하게 하는 프로그램을 만들기 위해서 필요한 것은 무엇일까요? 아름다운 코드를 만들려면 알고리즘 체계를 잘 세워야 하고, 알고리즘을 잘 짜기 위해선 순서도도 논리적이어야 합니다.

프로그래밍 언어에 흥미를 느끼는 친구도 있고, 어렵다고 느끼는 친구도 있을 겁니다. 영어로 명령어를 한 줄 한 줄 써서 컴퓨터와 대화하기에 앞서서 블록형 프로그래밍 언어를 먼저 접하면 훨씬 더 쉽지요. 전 세계에서 가장 많이 이용하는 블록형 프로그래밍 언어는 바로 '스크래치Scratch'입니다. 미국의 MIT에서 만

• • •

베타 테스트: 하드웨어나 소프트웨어 제품을 정식상품으로 내놓기 전에 오류가 있는지를 발견하기 위해 미리 정해진 사용자 계층들이 써보도록 하는 것을 말한다.

든 어린이용 프로그래밍 언어로, 컴퓨터에 대한 지식이 전혀 없어도 게임과 놀이를 통해 자연스럽게 프로그래밍을 배울 수 있습니다.

아직 낯설고 어렵게 느껴지는 친구들을 위해서 명령어를 블록으로 변형시켜 쉽고 재미있게 배울 수 있는 프로그래밍 언어에 대해 맨 뒷장 부록에 소개해 놓았답니다. 잊지 말고 꼭 읽어보길 바랍니다.

프로그래밍 수업 전 마음가짐 ●●●

아날로그 사회에 비해 디지털 사회는 차갑다는 말을 많이 하지요. 기계가 사람을 대신하는 상황이 그런 이미지를 떠올리게 하는 것일까요? 기계가 사람들 사이의 소통을 방해한다고 생각하기 때문일까요? 그러나 기계를 어떻게 사용하는가, 어떤 목적을 가지고 사용하는가, 무슨 일의 수단이 되는가에 따라 충분히 따뜻한 사물이 될 수 있습니다. 기계라고 부르는 건 흔히 하드웨어를 가리키는 경우가 많지요. 하지만 기계를 움직이는 건 소프트웨어라고 했습니다. 소프트웨어는 심장이나 정신과 같아서 컴퓨터를 따뜻한 기계, 인간이 인간답게 살 수 있는 환경을 이루어내는 기계로 만들어줄 수 있거든요.

그렇다고 하드웨어가 중요하지 않다는 말은 아닙니다. 하드웨어의 발달이 바탕이 되어서 더 나은 소프트웨어를 구현할 수 있으니까요. 그렇지만 아무리 멋진 하드웨어가 있어도 그것을 제대로 기능하는 소프트웨어가 없다면 무용지물이겠지요. 멋진 진주알과 보석을 가지고 있어도 방법을 알아야 제대로 된 목걸이를 만들 수 있는 것처럼, 소프트웨어가 그 방법이 되어서 멋진 하드웨어를, 또 세상을 제대로 움직이게 할 수 있어요.

모두가 프로그래밍을 반드시 알아야 하는 것은 아닙니다. 그러나 프로그래밍의 중요성을 알고 기본 구조를 이해하는 것은 중요하지요. 여러분이 살아갈 세상은 소프트웨어, 그리고 프로그래밍이 기반된 사회이기 때문입니다.

롤프 옌센Rolf Jensen은 그의 저서 《드림 소사이어티Dream Society》에서 '꿈의 사회' 등장을 예견합니다. 이는 스토리가 판매되고, 꿈이 판매되는 사회를 말하지요. 이것이 현재 우리가 상상할 수 있는 가장 설득력 있는 미래 사회의 모습이라고 단언합니다.

정보화 사회에서 꿈의 사회로 전환하는 이 시점에서 소프트웨어가 어떤 길을 택해야 할지 생각해봅시다. 답은 소프트웨어 그 자체에 있다고 생각합니다. 현재와 미래, 정보와 꿈을 모두 품을 수 있는 것이 바로 소프트웨어입니다. 사람들이 필요한 정보를 전달해주고, 함께하는 과정에서 꿈을 제공할 수 있습니다. 스토리와 꿈을 동반하는 소프트웨어는 그 자체로 가치가 있으며, 전 세계인의 발길, 손길, 눈길을 붙잡으며 함께할 것입니다.

학교에서 직접적으로 맞닥뜨릴 소프트웨어와 프로그래밍에
겁먹지 않는 것이 중요합니다. 이미 여러분 주위에서 일어나고
있는 일이며 여러분 삶의 일부가 되었기 때문입니다.

지금을 살아가는 데
가장 필요한 질문, WHY?

'왜?'라는 질문은 우리가 살아가는 동안 또 순간순간 어떤 선택을 할 때마다 따라다닙니다. 무엇인가를 새로 만들고 받아들일 때 왜 필요한가, 왜 만들어야 하는가, 왜 사용해야 하는가에 대한 질문을 항상 먼저 생각해야 합니다. 왜냐하면 그 질문에 대한 답을 고민하지 않고 선택한 결과는 엉뚱한 곳으로 흘러가거나 충족감을 주지 못하기 때문입니다. 인간이 행복해지기 위해서 어떤 기술을 선택하거나 개발해야 된다면 '왜?'라는 질문을 항상 되새겨보기 바랍니다. 그리고 문제가 생겼다면 그 문제는 왜 생겼는지 해답을 찾으려 할 때, 본질적으로 해야 하는 질문도 마찬가지입니다. 그리고 해결책을 찾을 때에는 'IF 만약에' 또는 'IF not 만약 그렇지 않다면' 어떻게 될까? 하는 질문을 해보는 것이 도움이 될 것입니다.

우리가 살아가는 사회에는 아직도 해결해야 할 많은 문제점이 있지요. 그런 문제점을 해결하는 데에는 우선 '문제점을 발견하는 눈'이 필요합니다. 관찰력은 호기심에서도 나오지만 사랑하는 마음에서 나옵니다. 어떤 불편함이 있을까 살펴보는 마음, 친구의 마음을 헤아려보는 마음에서 관찰은 시작됩니다.

그리고 또 한 가지 도전이 될 만한 질문은 '인류를 위해 더 나은 방법은 없는가?'입니다. "이것이 최선입니까?"라는 질문은 애플의 스티브 잡스가 늘 직원이나 동료에게 하던 질문이기도 하지요. 살아가면서 나 자신에 대한 질문, 내 주변에 대한 질문, 그리고 세상에 대한 질문을 항상 던지면서 스스로 대답을 구하는 과정이야말로 인간이 인류의 행복을 위해 꼭 가져야 하는 태도가 아닐까 싶습니다. 어린아이처럼 나 한 사람만 생각하지 말고 내 가족만 생각하지 말고 이웃을 생각하고 전 인류를 생각하는 따뜻한 마음! 이것이 최선입니다. 문제를 발견하는 눈을 길렀다면 IT 도구를 사용해 이를 최적으로 해결할 수 있는 손가락 힘도 길러야 합니다.

이 시대의 슈퍼맨은 빨간 팬티를 입지 않습니다. 빨개진 눈으로 타자를 두드리는 사람이 슈퍼맨입니다. 컴퓨터 하나만 있으면, 프로그래밍으로 사람들을 돕고 이 세상을 따뜻하게 품을 수 있습니다.

상상만 하던 모든 꿈을 소프트웨어로 풀어낼 수 있습니다. 도구를 사용하는 법을 배우면 그 꿈에 한층 더 가까이 다가갈 수 있을 것입니다. 소프트웨어를 창조하지 않는다 해도, 컴퓨터적 사고 과정에 대해 관심을 갖고 이해하며 세상의 변화에 민감해지는 여러분이 되길 바랍니다.

EPL 사이트 소개

마지막으로 여러분들이 쉽게 배울 수 있는 다양한 교육용 프로그래밍 언어(Educational Programming Language)인 EPL에 대해서 소개하려고 합니다. 그전에 프로그래밍 개념이 아직도 어렵다고 느끼는 친구들을 위해 프로그래밍에 대한 전반적인 정보를 알 수 있는 사이트를 먼저 소개하고, 차근차근 단계별로 쉬운 언어에서 점차 어려운 언어를 배워나갈 수 있게 안내하려고 합니다.

코드닷오알지 code.org

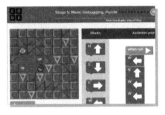

미국 비영리 재단 코드닷오알지에서는 프로그래밍의 기초 원리를 난이도별로 세분화해 알려줍니다. 체계적으로 프로그래밍에 대해 알고 싶다면 코드닷오알지에서 차근차근히 학습하면 된답니다. 빌 게이츠와 마크 저커버그의 동영상도 볼 수 있으며, 프로그래밍이란 무엇인지, 어떻게 프로그래밍을 해야 하는지 등에 대한 강의도 볼 수 있습니다. 보통은 초등학생들이 많이 사용하는 사이트이지요. 앵그리버드나 겨울왕국의 엘사가 주인공으로 등장하는 게임을 하다보면 자신도 모르게 프로그래밍의 기초를 습득하게 됩니다.

칸 아카데미 khanacademy.org 또는 ko.khanacademy.org

코드닷오알지가 너무 쉽게 느껴지는 친구들을 위해서 프로그래밍에 입문하는 청소년이나 어른들이 즐겨 찾는 사이트를 소개해드릴게요. 바로 칸 아카데미입니다.

앞에서도 소개한 바 있는 살만 칸이 사촌 동생에게 수학을 가르치기 위해 만든 동영상을 유튜브에 올렸는데, 그것이 엄청난 히트를 합니다. 그게 계기가 되어 '모든 곳의 모든 이를 위한 세계적인 수준의 무상

교육'을 모토로 하는 비영리 교육재단 '칸 아카데미'를 설립했습니다. 그후 구글, 빌&멜린다, 게이츠 재단, 앤 도어, 리드 헤이스팅스, 카를로스 슬림 등에게 후원을 받아 수학, 화학, 생물학, 물리학, 컴퓨터 공학, 역사, 예술, 금융 등 4천 개가 넘는 고품질의 동영상 강의 서비스를 전 세계에 제공하고 있죠. 컴퓨터 프로그래밍을 넘어서 컴퓨터 사이언스도 배울 수 있도록 구성되어 있습니다. 최근에는 한국어 버전의 칸 아카데미 사이트도 개설되었으니 좀 더 쉽게 다가갈 수 있습니다. '모두에게, 무료로, 영원히'라는 모토를 아주 잘 실현하고 있는 따뜻한 교육 사이트이지요.

스크래치 scratch.mit.edu

이번엔 학교에서 가장 많이 사용하는 교육용 프로그래밍 언어를 소개해드리겠습니다. 프로그래밍에 조금이나마 관심이 있었다면 벌써 접해 본 친구도 많을 텐데요. 재미있고 쉽게 블록으로 프로그래밍을 하다보면 어느새 자신도 모르게 전문 프로그래밍 언어의 개념들이 습득되는 스크래치입니다.

전 세계적으로 가장 유명한 EPL인 스크래치는 2007년 미국 MIT에서 만든 프로그램이죠. 8세에서 16세 정도 또는 프로그래밍을 처음 접하는 사람들에게 프로그래밍을 가르치기 위한 목적으로 개발된 블록 쌓기 형식의 교육용 프로그래밍 언어입니다. 전 세계 어린이들이 컴퓨터 프로그래밍 기술을 스스로 익혀서 문제해결 능력 향상과 창의성 향상에 도움을 주도록 설계되어 있습니다. 현재 약 50여 개의 언어로 번역되어 있어 150개 나라에서 활용되는 다국적 프로그래밍 언어이기도하지요.

동작, 제어, 형태, 소리, 연산 등의 그룹에 세부적인 블록들을 드래그^{drag}&드롭^{drop}으로 조합해서 게임도 만들 수 있고 애니메이션이나 미디어 아트 작품까지 직접 만들어볼 수 있어 활용도가 높답니다. C, C++, BASIC, JAVA 등의 프로그래밍 언어는 문법을 이해하는 게 어려워서 처음 프로그래밍을 배우려는 사람들이 중도에 포기하는 경우가 많은데, 스크래치는 개인의 자유로운 상상만으로도 얼마든지 생각한 것을 프로그램으로 쉽게 구현할 수 있습니다.

엔트리(Entry) play-entry.com

여러분, 우리나라에서 자체적으로 스크래치 같은 교육용 프로그래밍 언어를 개발한 사실을 알고 있나요? 최근 네이버와 힘을 합쳐 국내 소프트웨어 교육을 이끌어가고 있는 엔트리를 소개할게요.

엔트리는 KAIST 대학생 몇 명이 모여 개발한, 스크래치와 비슷하게 블록을 조합하여 시각적 프로그래밍 형식을 띄고 있는 교육용 프로그래밍 언어로, 초등학생과 중학생이 처음 프로그래밍을 배울 때 접하면 좋은 쉬운 프로그래밍 언어입니다. 특히, 명령어가 일상 언어로 이루어져 있어서 한눈에 쉽게 이해할 수 있지요. 엔트리는 소프트웨어 학습과 만들기, 공유와 토론이 가능한 통합형의 소프트웨어 교육 플랫폼입니다. EBS에서 방영하고 있는 <소프트웨어야 놀자>라는 프로그램도 엔트리를 활용해서 수업하고 있지요. 학교 선생님, 학부모, 학생들을 대상으로 특강이나 프로그램도 진행하고 있으니 가까운 곳에서 수업이 열리면 한번 참가해보아도 좋을 것 같아요.

메이드위드코드 madewithcode.com

크리스마스 트리를 비추는 전구를 내 맘대로 켜볼까요? 크리스마스 시즌에 맞춰 여학생을 겨냥해서 구글에서 만든 메이드위드코드입니다. 가장 최근에 만들어진 사이트이지요. EPL을 한 번도 접해보지 못한 친구들이 한번 체험해보고자 한다면 가장 먼저 추천해주고 싶습니다.

로보즐 robozzle.com

이번에는 단계가 올라갈수록 점점 더 똑똑해지는 기분이 드는 게임을 소개할게요. 로보즐이란 퍼즐게임입니다. 수학적인 알고리즘을 설계하는 데에 도움이 되는 게임이라 현직의 프로그래머들이 즐겨한다고 하죠. 화면에 보이는 별을 모두 먹으면 성공하는 게임입니다. 숫자 0~9에 적절한 화살표를 놓아서 로봇을 움직이면 되는 난이도가 낮은 게임에서는 전

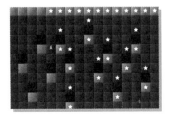

진, 좌회전, 우회전의 화살표밖에 없지만, 더 어려운 문제로 올라가면 함수 이동이나 색칠 기능이 추가되며 이것을 가지고 상상을 초월하는 초고난도의 문제도 만들 수 있다고 합니다.

앱 인벤터 appinventor.mit.edu

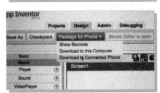

자, 이렇게 다양한 사이트와 프로그래밍 언어로 컴퓨팅 사고 체계를 갖추게 되었다면, 앞으로는 어떤 분야에 관심을 가지고 있든 소프트웨어와 쉽게 융합할 수 있는 기초를 닦았다고 볼 수 있죠. 이번엔 내 손으로 직접 애플리케이션을 만들어볼 수 있는 사이트를 소개할게요.

MIT의 컴퓨터 과학 및 인공지능 연구소 CSAIL와 구글이 함께 개발한 '앱 인벤터'는 화면 디자인과 블록 프로그래밍 방식을 이용해서 안드로이드 애플리케이션을 몇 시간 만에 뚝딱 만들 수 있게 하는 사이트입니다. 예를 들면, 나만의 일기장, 알람시계 같은 기초적인 애플리케이션은 만드는 데에 한 시간도 걸리지 않죠. 여기서 더 놀라운 사실 하나 알려줄까요? 최근 업그레이드된 '앱 인벤터2'에서 만든 애플리케이션은 구글 플레이 앱스토어에도 직접 올릴 수 있답니다. 앱 인벤터를 활용하면 프로그래머가 되는 것도 그리 어려운 일이 아닌 것 같아요.

앨리스 www.alice.org

전 세계적으로 널리 쓰이고 있고 오래된 프로그래밍 언어 중에 'C' 라는 언어가 있습니다. 어른들이 배우기도 어렵지요. 이번엔 C 언어의 기초를 자연히 습득할 수 있는 프로그래밍 언어를 소개할게요. 카네기멜론대학교에서 개발한 '앨리스'는 게임과 3D애니메이션을 쉽고 재미있게 만들 수 있는 교육용 프로그래밍 언어입니다. C 언어가 가진 까다로운 문법을 알지 못하더라도 재미있게 바로 3D 애니메이션을 만들면서 프로그래밍의 원리를 자연스럽게 습득할 수 있게 설계되어 있습니다.

코드헌트 www.codehunt.com

코드헌트는 JAVA와 C#을 배울 수 있는 프로그래밍 교육용 게임입니다. 스크래치처럼 블록을 사용하는 것이 아니라 진짜 프로그래머들이 하는 것처럼 명령어를 입력해야 하지요. 플레이어가 사냥 게임을 진행하는 동안 산술 연산자, 조건문, 루프, 문자열, 검색 알고리즘 등에 대해 배울 수 있습니다.

코드컴뱃 codecombat.com

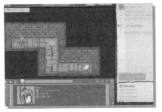

코드컴뱃은 코드헌터와 거의 비슷하나 한글이 지원됩니다. 그러나 두 번째 퀘스트부터는 유료랍니다. 학생뿐 아니라 프로그래밍에 입문하는 어른들이 이용하기 좋습니다.

파이썬 python.org

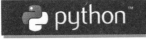

```
# Python 3: For loop on a list
>>> list = [2, 4, 6, 8]
>>> sum = 0
>>> for num in list:
>>>     sum = sum + num
>>> print("The sum is:", sum)
The sum is: 20
```

파이썬은 교육용 프로그래밍 언어에서 전문 프로그래밍 언어로 넘어가는 단계에 있는 언어입니다. 어느 정도 프로그래밍에 대한 개념이 잡혀 있는 초보자라면 다른 전문 언어보다 빠르고 쉽게 배울 수 있고, 파이썬으로 만들지 못할 것이 거의 없을 정도로 강력한 언어입니다. 프로그래밍에 관심이 많은 친구들은 바로 파이썬을 배워 자신이 원하는 프로그램을 만들어 볼 수 있습니다.

참고 자료

—

《거의 모든 IT의 역사》 정지훈 지음, 메디치미디어, 2010

《과학 기술과 철학의 만남》 홍병선·최현철 지음, 연경문화사, 2011

《기술의 충격》 케빈 켈리 지음, 이한음 옮김, 민음사, 2011

《김대식의 빅퀘스천》 김대식 지음, 동아시아, 2014

《디지털 네이티브》 돈 탭스코트 지음, 이지원 옮김, 비즈니스북스, 2009

《로봇 시대, 인간의 일》 구본권 지음, 어크로스, 2015

《생활 속 IT 교과서》 오선숙·백옥희·정해임 지음, 전자신문사, 2012

《질문하는 힘》 권귀헌 지음, 스마트북스, 2015

《철학, 과학 기술에 말을 걸다》 이상헌 지음, 주니어김영사, 2014

《컴퓨터과 교수법 및 교재연구》 한국정보교육학회 엮음, 생능출판사, 2004

《컴퓨터 교육론》 한국정보교육학회 컴퓨터교재개발분과위원회 엮음, 삼양미디어, 2003

《컴퓨터 알고리즘》 박정호·이화민·전용기·최성희 지음, 이한출판사, 2011

《행복한 프로그래밍》 임백준 지음, 한빛미디어, 2016

〈정보과학 영재교육 교수학습 자료(중등발전단계단원1)〉 김미숙 외, 한국교육개발원, 2005